숙녀의 기분
박상수 시집

문학동네시인선 041 박상수
숙녀의 기분

시인의 말

가시엉겅퀴즙
머리카락
바비 립 에센스
죽은 토끼
코코넛 파우더

샤라랑
샤라랑

2013년 5월
박상수

차례

시인의 말   005

1부

교생, 실습   012
기숙사 커플   014
좀 아는 사이   016
24시간 열람실   018
파트타임   020
학생식당   022
팀플레이   024
월급날   026
로맨티시즘   028
소울 메이트   029
걸 토크   030

2부

낙관주의적 학풍　　　　　　　　032
파트타임　　　　　　　　　　　036
나의 여학생부　　　　　　　　　037
조별 과제　　　　　　　　　　　040
쉽게 질리는 스타일　　　　　　　042
사춘기　　　　　　　　　　　　044
잘 아는 사이　　　　　　　　　　046
합격 수기　　　　　　　　　　　048
장미십자회 중창단의 여름　　　　051
나의 첫번째 남자친구　　　　　　052
청춘　　　　　　　　　　　　　054

3부

호러	058
시상식 모드	061
편입생	063
애원	065
구직 활동을 하러 교회에 갔어요	068
오픈 테스트	070
6인실	072
기대	074
절교 선언	076
닌나난나	077
여름의 에테르	078

4부

정반합 080

빛이 우리를 인도할까요 082

교환 일기 084

보험 086

친자 확인 검사 088

자신 091

진실게임 094

같이 놀아요 096

숙녀의 기분 097

해설 | 숙녀라는 이름의 굴욕 플레이어 101
　　　| 함돈균(문학평론가)

1부

── **교생, 실습**

── 캐시미어 스웨터 속에서 익혀 나온 귓속말로
눈먼 얼룩말에게 각설탕을 녹여주듯이

꼭 다시 만납시다

밤에 출발해서 아침에 닿았어요
말들은 죽어가고
잠긴 반지가
생각만으로도 통통 붓는 호숫가에

(마지막 선물 상자를 풀다 끝내 등을 보이는 당신)

오늘 젖은 빵을 나누어 먹으면 우린 정말 가족이 될 것 같아, 비로드 안감에 담겨서, 손을 잡고 화장실에 들렀다가 영원히 집에 가는 걸 잊어버릴 것 같아, 다시마 튀각처럼 부서지며 책상에 얼굴을 파묻을 때

가지 마세요 우릴 구해주세요

만국기가 펄럭이는 계주에서 흰색 바통을 놓쳐버린 것처럼 진한 당밀차가 캐러멜 색으로 마룻바닥 위를 흠뻑 적셔 나갈 때

──

운동장 스무 바퀴를 뛴 다음의
사향 냄새 감도는
가슴을 두 개나 가지고서.

기숙사 커플

아파, 당분간 너 못 만나

그런데도 방으로 들이닥치면 어떻게 해, 쩝쩝거리면서 왜 내가 먹던 어제 식빵을 먹고 있어, 룸메는 집에 올라갔지 방학이니까, 나는 이제부터 스터디에 갈 거야 그러니까

좀 가, 냄새나니까 좀 가

내 침대에 들어가서는 자는 척하고 있구나 그렇게도 입지 말라는 늘어난 면 티를 입고서, 굴욕 플레이가 더는 싫어서 너를 만났지 스쿨버스에 캐리어 올려줄 사람이 없어서 너를 만났어 일주일 전부터 너에게 들려주고 싶었던 이야기, 기어이 마구 해버렸다 넌 이불 밑에서 번민광처럼 중얼거렸지

내가 시험 떨어졌다고 이러는 거니?

한 번 더 떨어져서 다섯 번 채워, 그다음엔 어디 국토대장정 같은 데라도 갔다 와 거기 가면 울면서 어른이 된대

그러지 말랬지 그런 마이너스 사고방식

갑자기 뛰쳐나와 네가 나를 안아버렸다 내 머리카락에 코를 파묻고 훌쩍였어 나도 몰래 스르르 가랑이가 벌어졌지만

딱 1분간만 키스해주었지 그리고 떨쳐냈다

  책상 위의 교정기를 이빨에 끼우고 너를 내려다봤어. 때 릴 거야 때려버릴 거야. 고개를 흔들다가 이번 방학이 끝날 때까지만 참기로 했어.

좀 아는 사이

　같은 미용실에서 머리를 했는데 오늘 나의 컷은 어쩐지 고개를 가로젓게 되어서, 땅 밑 노래하는 친구에게 문자를 보냈어

　갈수록 내 서랍은 엉망, 고양이 촛대는 발이 다 녹아서 버렸지

　선배, 나는 어디로 가고 있는 걸까요? 약속에 한 시간이나 늦었는데 너는 오늘 스타일이 좋구나 너의 그 토트백이 맘에 들어 머리 뒤에서 빛이 난다는 너희 교수님에게 물어보지 그러니 말해주고 싶지만 찻잔 받침대에 조금씩 밀크티를 따라 마시며, 어른 흉내를 내는 중이니까

　넌 조금 더 제멋대로 걸어도 되는 거야

　우린 얕보이는 게 싫어서 고개를 끄덕이는 게 아닐까, 너는 갈수록 허리가 반듯하게 펴져서 나는 너에게 푸들 가발을 씌워주고 홈베이킹용 장갑으로 어루만져주고 싶어

　오늘은 뜨거운 음식을 먹어야 해, 너무너무 뜨거운 음식을 먹고 싶다, 미용실 언니는 왜 내 말을 귓등으로 들었을까, 고집불통, 이 아이를 따라가서 스테이크를 먹고 쿠폰을 챙기자, 나는 지나치게 강아지를 싫어하는데 창밖 저 강아

지는 혀를 길게 내밀고 숨을 쉬어댄다 참 모자라 보여서, 나는 절대로 당신에게 해를 끼치지 않겠어요 자랑하는 것 같은데

고마워요 선배, 라니, 감정이 너무 많아서 져버린다 도대체 왜 나 같은 선배에게! 이젠 제발 그만 고개를 끄덕이자, 머리야 다시 하면 될 테고 나만의 비밀 블로그엔 후배는 그렇게 아프지 않은 것인지도 모른다, 라고 써놓으면 될 테고

하지만 고개라도 끄덕이지 않으면

당장 나는 할 게 없어진다.

24시간 열람실

할 수 있는데 나도

〈On Style〉 채널이라면, 안약이랑 감자칩만 있으면 되니까, 말도 못 하게 머리가 아플 정도로 들여다볼 수 있는데

여기 들어와 있으면 눈꺼풀에 데미지만 쌓여

들어오는 것보다 어떻게 나가는 게 더 많아…… 점점 나는 비어가, 그래서 물도 먹고 비스킷도 먹는데, 최대한 침에 녹여가면서

너희들은 잠을 언제 자는 걸까

일부러 한 여자애만 노려봤지 걔가 언제 화장실에 가는지 알고 싶었어 내가 세 번이나 갔다 올 동안 걔는…… 비범했다 나보다 세 살은 어려 보였고, 말도 안 돼, 스타크래프트 밴에서 갓 내려선 스타일이라면

나한테는 답이 없는 거지

휴게실 커피를 마시면서 생각했어, 체한 것 같아, 아니다 전화를 걸어야겠어 그런데 누구도 떠오르지 않는다면,

중얼중얼 중얼중얼 중얼중얼

이러다 가는 사람을 나는 본 적이 있다

간신히
내 자리에 돌아와 앉았을 때
옆자리의 여자애가 쪽지를 건네주었다

그만 왔다갔다거려, 그거 정말 소음이거든요?

마스카라가 엉킬 정도로 찔끔, 했고
이런
나 진심 사과하고 말았다.

파트타임

남자들은 뭐랄까
시시해
크기만 하고 시시하달까
두 번, 그리고 세 번 만에
난 알아버렸지

남자를 알다니 넌 참 어른이구나, 난 널 똑바로 쳐다보지도 못하고 자주 넘어졌다 금방 더러워졌지 밴드를 한 통이나 다 써버렸는데도 계속 힐을 벗어야 했어 그리고 또 신었지 넌 날 부축해주지도 않고

목을 너무 빨면 기절해버리더구나

네가 가르쳐준 계단, 붉은 융단이 깔려 있었어 그 위를 올라가는 남자의 엉덩이는, 제발 엉덩이 말고 다른 쪽이 보고 싶은데
난 끝까지 빨아야 했어, 곯아버린 조갯살 냄새, 달리 할 일도 없고…… 욕실에서는 몸을 씻으며 울었단다(턱이 안 벌어져서 소리는 못 냈어)

정신이 얼빠지면 너 같은 건 금방 그렇게 돼

난 싫은데 그런 냄새나는 이야기, 남자는 한 번 더 나를

안고 욕을 했어 나를 껴안은 채 쓸데없이 욕을 했다구 다시 껴안고 타오르면서 나한테도 욕을 시키고, 아무리 목을 빨아도

넌 아직 모르는구나 땀이 나니까 괜찮아 그렇게 같이 누워 있으면 뭔가 열심히 산 것 같잖아 땀이 나니까

아, 넌 나랑 마음이 통하니까 무죄, 종이 울리면 우리 아무 데나 나가버리자 팔짱을 끼고 더 멀리 가자, 그래 라면을 먹으러 가자 이렇게 너의 투명한 살과 쌍꺼풀을 보고 있으면 더 가까이 앉고 싶고, 내게도 소중한 게 생겨서, 지키고 싶은 게 생겨버렸다.

학생식당

점심은 가방이랑 먹어요 오늘은 아무도 날 몰라봤으면

간신히 참을 정도의 음식, 을 씹으며 나는 구름 스탠드를 켜고 치즈를 사러 가요 버찌술을 살짝 넣은, 스위트피 언덕에서 세모로 잘라 먹고만 싶은 치즈

다른 식탁의 학생들은 눈을 동그랗게 뜨고 턱을 움직이지만, 아주 센 감기약을 먼저 먹고 왔거나 점점 정신을 잃어가는 중일 거예요 맨정신으로는 이런 밥을…… 그래도 너희들에게는 냅킨을 건네줄 메이트가 있다

나의 유일한 메이트는, 글쎄요, 낭만적 미스터리예요 취업특강 나온 아저씨 선배와 엮여져버려서는 점점 살이 오르고 있어요 어떤 날은 종일 토하고 울고, 또 어떤 날은 클리닉 앤 에스테틱에서 나를 호강시켜주더니 아저씨랑 스노쿨링 안경을 맞춰 쓰고는 리조트로 떠나버렸어요

나는 더이상 나에게 책임을 묻지 않겠어

무슨 뜻일까요? 끝도 없는 떠돌이 구름 같은 메이트의 말…… 점점 생각에 잠겨서……

교양 선생님을 찾아가보면 어떨까요 하지만 선생님에겐

연구실이 없어서, 그래도 방이 없는 사람들은 방이 있는 사람들보다는 친절하죠 영혼이 비릿하게 젖어 있달까

비 맞은 길고양이 털 냄새, 불에 붙지도 않고 어떻게 해야 할까 어떻게 해야 할까

처음으로 혼자가 되었을 뿐인데, 그냥 이런 기분으로는 시험을 치를 수가 없을 것 같은데, 저쪽에서부터 비주얼 쇼크의 아이들이 다가오네요, 닦아주고 싶은 커다란 이빨들, 이빨들이, 십, 구, 팔, 칠, 육, 오,

제발 애들아,
제발.

팀플레이

― 꼭 밟아야 할까?

기억 안 나? 스파게티를 말면서 동기 1이 말했어 총회 때 개만 안 왔지 우린 뭐 가고 싶어 그런 델? 동기 2가 끄덕였어 동기 M.T.도 개 때문에 망쳤지 삽질하러 다닐 시간에 페북 프로필이나 바꾸랬어

잠깐, 그거 내가 너한테 해줬던 말 아닌가?

뭐가 중요해, 누구든 들은 건 들은 거, 중요한 건

개 때문에 남자애들이 싹 빠졌다는 거, 아이들은 10초간 숨이 멎어버렸다 흡입해, 흡입하라구! 그런 애, 살쪄서 완전 무너졌으면! 피클을 찍어올리며 3이 중얼거렸어 지난번엔 나랑 리포트를 같이 썼잖니 내 자료랑 책이랑 공유해줬더니……

아이들 귀가 더 뽀족해졌어 커피라도 샀어? 없지 없었겠지? 2의 말에 3은 그대로 얼굴을 파묻었어 점수도 개가 더 나왔단다, 애들이 탁자를 잡고 흔들었어 어떻게 그래?! 어떻게?! 애들은 3에게 몰려 앉았지 다치지 마 3아, 다치지 마! 등을 쓰다듬으며, 갠 남자 선배들한테만 커피를 사는 애야!

―

'술은 혼자 마셔야 제맛, 하지만 때로 사람이 그리운 날……'

이거 봐, 왜 맨날 혼자 술 마시는 사진 올려? 풀 메이크업에 머리 세팅까지, 아, 이런 앤 제발 꺼지라고! 폰을 들여다보던 1, 2가 합창했어 입술을 부르르 떨다가 드디어 나를 봤지 넌 걔랑 어울렸잖아 걔 뭐야? 왜 우릴 이렇게 비참하게 만든대?

잠깐 딴 데를 봤어
고개를 가로젓다가 깊게 한숨을 쉬었지

처음엔 진짜 몰랐거든? 그런데……

스르르,
울던 애까지 일어나서 내 입을 보기 시작했어.

월급날

'언니20만요'

어떻게 알까? 알람을 맞춰놓은 걸까? 내 월급날을 어떻게 후배 1이…… 니가 멋대로 빌려간『재정학 연습』이랑 텀블러랑 그건 아직도 도착을 안 했지 입맛은 오래전에 떨어져버렸다 (뭐지 뭐가 아까부터 나를 훑어) '자기 일은 자기가', 답장을 보내려다가 그만 다른 아저씨한테 전화를 했어

(…)(…)(…)

4일 내내 이런 피드백 처음

입을 다물고 쓰레기봉투를 묶었지 관절을 덜컹대다가 창고에서 뒹굴뻔했어 아, 즙이 많은 이런 덩어리를! 나도 모르게 노이즈 레벨을 올렸다가 껐다 학교에서 이런 걸 배우면 좋겠어 컵라면 국물 안 묻히고 봉투 묶는 법, 먹은 자린지가 닦는 법, 대신 아저씨에게 배웠지 여기서 배운 모든 게 니 재산이야, 점장 아저씨는 말했다 물에 빠진 사람은 1분만 늦어도 죽으니까 물에 빠진 사람처럼 살라고 했어 그게 열 달이 되고 3년이 되면 내가 물에 빠진 애들을 부리면서 살 수 있다는 말

뭘 찍고 좀 주고, 다시 받고 담아주고, 좀 닦고 채워넣다

가 나는 알았어 지난달에도 이틀이나 늦게 줬었구나, 그래도 주는 건 주는 거지, 그때도 아저씨는 말했다 내 재산은 자꾸자꾸 불어나버려서, 요즘 제일 웃긴 건 버스 놓치고 통탕거리며 따라오는 늙은이들, 그거 보는 거 (그만 거기서 훑지 좀!)

'오늘은만날수있는거지?애들다기다려'
'어쩌지레포트가밀렸어'

동기 2에게 답장을 보냈다 주정뱅이도 안 믿을 그런 답장, 빌린 책에서 너무 긴 남의 머리카락을 발견한 것처럼 살짝 쏠렸지만 괜찮다 아직까진 맨정신으로 살 수 있잖아, 핸드폰 거울로 피부톤을 확인하며
  한 줄 김밥이랑, 훈제 통닭, 담배랑 막걸리랑
  집히는 대로 봉투에 담아
  문밖, 아까부터 나를 훑어보던 아저씨한테 갖다줬지
  단골 개거지 아저씨
  그리고 내 소원을 말했다

가서
그냥 죽어요

오늘 포텐셜 최고.

로맨티시즘

  오늘 제일 잘한 일은 실크 양산을 산 일, 나 하루종일 양산을 쓰고 업타운을 걸어갔어요 사거리의 횡단보도는 너무 길어서 머리에 뿔이 났다구요

  그래도 양산으로 얼굴을 가린 채, 오데코롱 향수를 남기며

  멋을 부리지 않을 수 없는 날, 당신은 어느 숍에 들리나요? 그 숍에 나도 데려가요 약에 취한 벌처럼 이 거릴 떠도는군요 내일은 머리를 올리고, 내가 가장 좋아하는 옷을 입고, 캐릭터 숍에

  잠도 없이 꿈을 이야기하지만 아무도 들어주지 않네요 내 운명이 침묵하라면 그래야겠죠? 살짝 데운 우유에 생긴 뜨거운 막 같은 것, 방금 그런 게 먹고 싶어졌어요

  핑크색 헬륨 풍선을 좋아하고 크리스피크림도넛을 아끼고, 몰라요 대체 이런 것들이 다 무슨 소용이죠?

  유카나무로 내 종아리를 살짝 때려주세요 아, 그래도 더 예쁜 피부를 갖고 싶어.

소울 메이트

　나를 못 본 척 고개 돌려도 괜찮아 난 아직 껴안는 법을 모르고 볼을 부비는 인사를 못 하지 펜던트 나눠 가지는 걸 싫어하지 생효모가 가득한 우유를 마시고 여길 빠져나가고 싶어 네가 없는 나라의 천재 소녀가 되고 싶고 다리가 길어지고 싶고, 눈을 감아 너를 간직하는 것만으로 행복할 수 있다면 아무도 모르게 명랑해질 수 있을 텐데, 그래도 우리 서로를 지켜보기로 했지 끝까지 친구로 남기로 했지, 수분을 모두 빨아들여 건강해지자.

걸 토크

여기 오늘의 밀크빵을 좀 사왔어요, 들어봐요, 그는 물거품이 되어 고향으로 돌아갔다구요? 긴 걸음과 짧은 속삭임, 당신의 러프 스케치를 넘기면, 비행기를 기다렸는데 누가 스케줄 보드를 차곡차곡 잘라서 가져가더군요. 꿈인 줄 알았는데 아니었다구요, 로컬 버스를 타고 국경을 지나 또 2박 3일을 되돌아갔지요. 흙집이 보이는 나무 밑에서 새끼 염소처럼 그를 기다렸지만 포도주 통은 비어가고 금붕어 모빌들은 끝내 부서졌다구요. 들어요, 주스 마셔요, 아무도 못 찾는 다락방, 악보를 그리면서 세상에서 가장 긴 롤러코스터를 떠나보내요. 그 사람은 5월에만 문을 여는 까페 같아서, 새털 상자만 그리다가 얼굴에 물감을 바르고 그렇게 가버린 거예요. 그러니까 돌아와요, 우리 소프트 아이스크림 기계를 삽시다 내내 아이스크림을 먹어요. 저녁엔 하트가 그려진 오므라이스를 먹고, 거품을 날려보내고, 깨진 자리에 보석 스티커를 붙여보아요. 더 많은 날들은 안데르센 2층 숍에 들러 스카프를 구경해요. 그 누구도 우리보다 괜찮아 보이지만, 눈을 뜨면 어떻게 걸어야 할지도 잊어버리지만, 탁자가, 모자가 둥둥 떠오르도록 송풍기를 돌려요. 호수를 건너려 했지만 우리가 살아온 날들이 아직 모자랐던 거라 믿으며, 새끼 해마들도 달빛 속에 춤추는 이 테라스에서 같이 만든 그 노래, '우리끼리 손난로'를 밤새 들어요.

2부

낙관주의적 학풍

5개월 전 교수님은,

알 수 없는 글자 1, 더 알 수 없는 글자 2, 본 적은 있지만 알기 싫은 글자 3, 지긋지긋한 글자 4와 지워져버린 글자 5, 6, 7, 8, 9……가 세로로 뒤섞인 책을 귀국 선물로 주셨죠 (자기 마음대로)

—마흔 살이 되기도 전에, 얼음 항구 근처에서 객사해버린 원한투성이 사내의 유작이다

하지만
오늘이 마지막 날인데
손가락을 이렇게나 몰아붙였는데도
아직 반도 못 끝냈어요

눈송이를 먹으며 죽어갈 때는
살아왔던 모든 흔적을 지우고 싶었을 텐데
굳이 사내를 다시 살리겠다는 것은……
손톱으로
사내의 젖꼭지를 건드리는 일이 아닐까

사전에도 나와 있지 않은 단어를 찾으며
방에 드나드는 후배들 앞에서

어때요, 책 읽는 분위기의 나
자랑할 때도 있지만

사실, 옮겨 치다보면
아무렇게나 소란을 피워버리고 싶은 이 책

등 돌린 교수님은
창문도 열지 않고
5개월 내내 담배만 피우다가
불쑥
파티션 뒤에서 치솟죠

믿을 수 없을 만큼 커지고 붉어져서는

―너라는, 이, 뻑!

(저는 아무리 더워도 땀이 나지 않는 겨드랑이를 갖고 싶었어요 당신 곁에 있으면 누가 뭘 물어봐도 붉어지지 않을 줄 알았어요 정말 그럴 수 있으리라 믿었는데, 스리 코드 펑크 밴드의 멤버처럼 뛰어도 다시 제자리)

―네가 할 수 있는 일은 임팩트가 하나도 없는 얼굴로 연구실 쓰레기통을 비우는 일이다

앞으로 최소 두 달은 절대로 그가 나에게 먼저 말을 걸지 않겠구나, 나는 이 방에 없어요 있어도 없는 그런 사람, 당신의 발에 로션을 짜고 하루종일 발라드리겠어요, 애원해도 당신은 구해주지 않겠죠(자기 마음대로)

나는 그저 똑같이
화장실 변기에
쓰레기통을 비울 뿐
청소부 아줌마들이 심심하면 안 되잖아

그리고
'뒤꿈치 케어를 다하지 못한 채로 여름 샌들을 신을 수는 없다'라고
생각한 뒤
편지를 써서 보낼 거예요

"마음대로
언제나 화를 낼 수 있다는 것은
무척이나 좋아 보여요"

물론
교수님이 다시 말을 걸어주신다면,

이름을 불러주신다면,
한 번 더 그렇게 불러주신다면,

연구실 문을 잠그고
또다시 당신에게 폭 안겨서는

"내 자신을 용서할 수 없어서요"

목놓아 울어버릴 거랍니다.

파트타임

　상담원 필요해요 입술은 안 되지만 상담원은 괜찮아요 페미닌한 왕관을 쓰고 좀더 머리 없는 애 같은 포즈는 어떨까요? 나에게도 가족은 있고 알 만한 나이인데, 어쩜 전신인체 모형은 알 거예요 내장을 꺼내놓은 기분

　이 밤, 도련님들은 어디서 드가의 발레를 구경할까요? 나는 얼음슈즈를 신고 극지방의 마트에서 춤을 춰요 손을 흔들며(날 좀 안아줘요 멋지다고 말해줘요) 해빙용 스프레이를 종아리에 뿌리며 얼마나 더 인간이라는 직업을 살아야 할까요 가진 건 근육밖에 없는 액션 피규어들이 고기를 구워 먹는 검품장 뒷마당, 가기 싫어요 나를 사랑하는 것도 죄가 되나요?

　상담원 말이에요 상담원 언니는 말합니다 인간은 극복될 수 있고 또 극복되어야 한단다, 나는 말이에요 사는 곳이 불분명합니다 무엇을 기다리는지 모르고 무엇을 기다리고 있어요 나중에 언니에게 기부금을 낼지도 모르지만 지금은 온갖 나라의 앵무새가 진을 친 거리, 깃털 목도리를 휘감고 살짝 걸으며

　입술은 안 되지만 또 되기도 해서……

나의 여학생부

몇 번의 수술 뒤에 J선배는 치아교정기를 버렸어요 실패가 사람을 만든다면 선배는 지금쯤 사람이어야 할 텐데, 죽어가는 잇몸을 내보이기 싫어서

입이 없어질 때까지 쿠키를 먹자 토하고 또 먹으면 돼

서클 룸, 1년 동안 읽을 도서목록을 붙였죠 앞날의 계획을 따라가면 우린 테니스를 쳐도 빨리 뛸 필요가 없는 거야 강아지의 잠든 날숨처럼, 왼발 다시 왼발

교양인답게 우린 몰려다녔어요 팬시숍, 북마크를 주머니에 넣고 볼드체 하모니 노트는 솔더백에…… 또 눈꽃무늬 리본 테이프…… B선배는 가방이 너무 작아서 실망했죠, 복화술처럼 복화술처럼

내일은 버스를 타고 더 먼 숍으로 가자 갖고 싶은 게 너무 많아 행복해

목 잘린 생선들이 마르기 전 얼음을 갈고 물을 빼주어야 하는데, 가게로 돌아오면 수조 속 가라앉는 익사체처럼 걸어도 걸어도 앞으로 나아가질 않는 거예요 엄마가 올 때가 됐는데, 난 오늘 생선의 시세를 몰라요 알고 있지만 몰라요

— 우린 모여서 상상도 할 수 없는 세미나를 하기로 했거든요

그렇지만
너무

졸
려

서

내 얼굴에 표정이 사라질 때

나 때문에 쾅,
문을 닫고 나가는 우리 부원들의
목욕한 것처럼 맑아진 얼굴

구두를 신으면 자신감이 생기니까 구두를 신고 뺨을 맞으면 되지 쓰러졌다가 또 일어나면 되는 거야, 공사가 중단된 연립주택 뒤, 선배들은 점점 더 신이 났어요 한 대씩, 또 한 대씩,

(이유가 없어질 때까지 이유를 잊어버릴 때까지)

—

선배가 구워온 쿠키를 입에 잔뜩 넣고 터진 입술의 상처
가 더욱 벌어지도록

그래 이렇게 먹으니까 맛이 나
매력이 있게 되었어!

어쩐지 더 친해진 느낌.

— **조별 과제**

— 몇 번 나가지는 못했지 어제 모임도 배가 아파서 그만두었다 남자 1에게 분명히 내 마음을 전했어

여자들만 아픈, 그런 배……

또 써먹기는 그랬지만 한 달에 두 번씩 오는 애들도 있으니까, 끊은 뒤엔 영어를 외우다가 오랜만에 좀 잤고, 벌써 오늘이 마지막 토론인 줄은 몰랐다

좀 생각이 있는 애일까

하는 얼굴로 나를 보는 너희들, 전부 A형인가봐, 혼자서 욕실 청소를 다하고 속이 뒤집어진 친구를 보는 것 같았지 나도 곧 청소를 하려고 했는데…… 없는 동안 나를 돌려 씹으며 너희들은 확실히 하나가 되어 있었다

밤에 내 손가락 하나면 충분히 내가 나를 위로해줄 수도 있는데 왜 꼭 너희들과 손을 잡아야 할까, 하지만 인간경영론 교수님이, 모르는 너희들과 붙여준 것은 내 사업을 하려면 온갖 고객들을 다 만나봐야 한다는 뜻

우측통행하라고 하면 우측으로 가면 된다

—

'조ㄴ나 한 것도 없으면서'(여자 1)
'저런 애는 죽게 내버려 둬'(여자 2)

죽치고 앉아 있는다고 뭐가 나오지는 않을 텐데
너희들 머리에는 아무리 샴푸를 쏟아도 거품이 안 날 것 같아, 라고 말해주려다가
정말 아파오기 시작했다 얼굴이 하얗게 질려버려서는 배를 만지자 남자 1, 2는 제법 흔들려버렸다 슬슬 내가 사온 조각 케이크를 먹기 시작했지

어디서 놀아대고 있어? 여자 1, 2만이 나를 위아래로 훑었지만 그럴수록 나는 아픔을 누르고 조원들에게 서비스를 다해주었다 꼭 이런 애들과는 내가 밑바닥일 때 다시 만나게 되니까

달아올라 미칠 것 같아, 빨리, 빨리 와요.

쉽게 질리는 스타일

(기습 키스 시도 이후)

계속 그렇게 날 쏘아보다가는
눈이 뒤집혀버리지 않을까요?

엉덩이가 짓무르도록
생각에 잠겨보지만

선생님은 답이 없는 사람

"그럼 왜 연락한 거니?"

집에 가는 길에 버스는 오질 않고 아저씨들 담배 냄새에 속이 좀 뒤집혔어요, 나한테 지겨운 냄새가 나는 것 같아 갑자기 집에 가기 싫어졌달까, 그래도 저는 공중변기 레버는 꼭 발로 내렸지만 일주일에 한 번은 선생님을 위해 두 손을 모았어요, 라는 말 대신

"책도 내시고, TV에도 나왔으니까?"
"넌 내가 영영 실패할 줄 알았지?"

답이 없을 거라고 생각했으면서도, 어째서 한번 더 믿어보는 걸까요? 횡단보도를 건너다가 치어 죽을 수도 있겠지

만 그렇지 않을 거라고 믿으니까 모두들 건너가겠죠 선생님은 숨이 막혀서 자주 창밖을 내다보았죠 그건 내가 아무것도 하지 않는 것으로 살아가고 있었을 때

―책을 한 권 읽으면 자랑할 수 있지만 두 권 세 권 늘어가면 머릿속이 흐리멍텅 복잡해져서는 언제나 뒷짐만 지고 세상을 보게 돼 그런 사람들만 책을 쓰는 거지 쓰다가 스스로가 무서워져서는, 또다른 책을 쓰고 또 쓰고

"이 술 마셔. 그래야 날 이해할 수 있다"

생각해보면 이렇게 가까이서 선생님의 코, 타버린 토스트 가루 같은 블랙 헤드를 다 세어보는 건 처음, 너무 넘쳐서, 자꾸만 숫자를 까먹어버려서

"마셔라, ……마셔줘"

이 사람, 조금만 더 있다가는 나를 엄마라고 부를 건가.

사춘기

창밖의 세계는 궁금하지 않아
늘 혼자서 공깃돌을 손등에 올리는 아이

너희들에게 조금씩 웃음을 나누어주면
소켓에 손가락 집어넣은 아이들처럼
너희들은 빛나겠지만

어째서 나는
파괴에 대해서 생각하는 것일까

길게
커터 날이 지나간 블라우스
압정 박힌
맨발로 걸어갈 때

머리칼을 귀 뒤로 넘기고
부드럽게 나를 꾸민다
너희들의 공놀이는 그칠 줄 모르고

호루라기 소리에 맞추어
열심히
제자리로 돌아가는 너희들
헛발질에 웃어대는 모양들이라니

너희들이 벗어놓고 나간 옷가지의 악취도 마찬가지

나는
좀더 부드럽게
나의 엉덩이를 쥐어본다

직립보행할 때마다
너희들을 유혹하듯 단단해지는
엉덩이

우스워

쉽게 달아오르고 쉽게 식어버리는 주제에.

잘 아는 사이

정문에서 후문까지, 걸으면 이틀이나 걸리는 학교에 들어가면 너한테 손을 뗄게

총무 오빠가 나한테 손을 떼게 하려고 독서실에서 살았어 오빠는 나를 봐줬지 공부를 봐주고 손금도 봐주었다 그래, 너한테는 누구도 이해할 수 없는 아티스트십이 있어 그걸 버리면 안 돼, 쓰다듬으며

그런데 왜 내 친구만 들어간 것일까 그 애는 늘 바닥에 깔려 있던 아이, '정말로 남자들은 맨날 그거만 생각하니?' 묻던 아이, 무슨 동상만 보면 그 앞에 서서 사진을 찍어달라던 아이……

걸어도 후문을 찾을 수 없는 그런 학교에 들어가버렸다

한번 놀러 올래?

이렇게 건물이 많은 학교는 처음이야, 수위 아저씨들은 맨날 사우나에서 출근하시나봐, 그런 말은 한마디도 안 했지 너를 미안하게 하려고, 바쁜 사람을 여기까지 불러냈으니 나는 찌푸려져서 자칫 너를 때릴 것만 같았다

총무 오빠가 말야 너한테 미안하대 마지막에 날 봐주느

라 널 못 봐줬지

　설탕 맛 때문에 커피를 먹는 게 나아, 사실은 아무 맛도 모르고 취미도 없단다 그걸 최근에야 알았어 여기 오기 전에 웃는 눈썹을 그리고 왔으니까 놀랄 일도 없지만, 외톨이가 되지 않으려고 다시 독서실엘 다니고 있어, 라고는 한마디도 안 했다

　너를 계속 미안하게 하려고, 나를 아는 모든 사람들을 미안하게 하려고!

　오빠랑 밤새 걸었단다 우리 학교에서 잠실까지, 손을 잡고, 너무 뜨거워서 난 말야 많이 젖었어 이런 얘기, 내 맘 알지?

　넌 참…… 음침한 아이로구나 말해주었더니 칭찬…… 이니? 하며 네가 실실 웃었지 이제 보니 넌 날 강렬하게 만들려고 부른 거구나 니 맘, 알고는 있었지만 글쎄, 내 것은 아니어서 잘 모르겠다 난 집에 일이 있다고 말하고 일어섰지

　그 학교 후문까지, 맘먹고 걸으니까 한 시간밖에 안 걸렸어.

합격 수기

쓰레기통에서 주운 물수건을 줬더니 코도 풀고 발도 닦았어 겨드랑이도 닦았지 그걸 다시 받아서 선물이래 이걸로 뭐 하지…… 아까부터 그런 기분

뿌린 대로 거두는 거지
맞아 솔직히 너처럼 목숨걸어야지

말도 안 되는 말인데 해버리면 그게 말이 되는구나, 3일 전부터 먹고 싶은 게 없었지, 합격한 애 초대를 받은 날부터, 방바닥에 누워만 있었어 잘됐어 뼈만 남겨서 누가 봐도 주머니에 넣고 싶은 그런 애가 되자 생각하다가 오늘에야 기어나왔지 정말 네발로 왔어 합격한 애는 고개를 끄덕였어

땀엔 배신이 없더라

독침 백 개는 맞은 것처럼 손발이 떨려 우리도 땀은 흘렸는데 그건 땀때만 남기고 사라졌네 식초에 절어버린 물수건을 또 빨면서 우린 잔을 부딪쳤지

애벌레가, 잎사귀를, 먹고, 있구나, 제 몸이, 반토막, 난, 지도, 모른 채,

일주일은 화장실 못 간 애들처럼 다운돼갔어 애들아 정신

차려, 되기만 하면 레드 카펫 위로 스틸레토 힐을 신고 걸어가게 된다…… 귀가 먹어가나봐, 우리들은 전부 맥주잔만 내려다봤지

어쩐지…… 너랑은 다시 못 만날 것 같아

누가 고백을 하고, 우린 얼어버렸어 까마득한 애들을 헤치고 들어가 손을 내밀었는데 우리 앞에서 화장품 샘플이 떨어졌을 때처럼! 떨어진 애는 또 떨어진 애가 될 수도 있지 새벽 5시, 문도 안 열린 학원 앞에 줄을 서야 한다 앞에 선 애들 가방을 보며, 여긴 책이 몇 권이나 들어갈까? 가방을 사자, 니 가방이 들어가는 그런 가방으로, 내 가방이 또 들어가는 그런 가방으로

내년에 우리 다시 만나자 우리 다 합격할 때까지 죽을 때까지

합격한 애가 소리쳤어 그래 우린 같은 스터디였지 핑크색 미니쿠퍼를 타고 속초에 놀러 가기로 했지 눈물이 날 것 같아, 한 애가 말했어 합격한 애는 그 애를 안아줬다 우리는 훌쩍이면서 다시 잔을 부딪쳤어

오늘을 기억하자 절대로!

돌아가며 화장실에 갔다 왔어 그리고 얼굴을 모았다 합격한 애가 맨 앞에, 우리는 뒤에, 입술을 오므리고, 셀카

　폴더명
　'최악'
　울던 애가 폰에 저장하는 걸 봤어.

장미십자회 중창단의 여름

 아무도 들어올 수 없는 모래의 나라를 세웠어요 빛나는 한숨을 건네고 재가 가득한 보석함을 열었죠 태어나자마자 죽어가는 걸 믿을 수 없었지만 노래하며 살고 싶었어요

 살은 더욱 매끄러워졌죠 눈물을 배웠어요 비탈, 소음, 입국 금지령, 세계는 온통 알 수 없는 것들뿐, 우린 유배지에서 조용한 외침을 작곡했어요

 땅과 하늘이 뒤집히고, 스팽글과 깃털이 흩어지는 햇빛 속에 우리가 있었어요, 사랑하지 않으면 살 수 있을 거야, 물에 젖은 이파리를 디딜 때마다 고지식하고 풋내 나는 왕들이 되어갔어요

 계절이 뒤바뀌고 있었지만 우린 끝내 서쪽으로만 자전할 것 같았지요 먼 곳에서 웃고 있는 그대들은 어떻구요 장미창으로 평생 쓰지 못할 것 같은 가장 아름다운 물감이 흘러내렸어요.

— **나의 첫번째 남자친구**

— 준, 오늘은 밤이 4분 길어지는 날, 로맨틱한 홍차를 마시고 사슴뿔 해초를 쓰고 차게 가라앉자 지중해인들처럼 수다를 떨며

입술을 열 때마다 나나니벌과 무화과와 뱀에 둘러싸여 우린 어쩔 줄을 몰랐지 너의 민트빛 이마가 웃는구나

(내가 너를 만졌을 때, 더이상 어쩌지 못하고 집시의 카드를 집어들고 말았을 때)

준, 나는 너를 지우고 싶었고 대양의 대륙붕 위로 치마를 펼치며 넓게 흩어지고 싶었지 보라색 라벤더의 길을 따라 너를 이끌고 싶었어

너의 에테르가 부서져 흩어지는구나 꿈속 모네의 정원에서 너는 스물일곱 번도 더 표정이 다른 사람, 하늘에서 피어오르는 구름, 이제는

(나는 한 번도 민물을 마셔보지 못한, 눈썹 잘 다듬은 사람)

라벤더의 길을 지나 은고사리의 땅에선 소승불교력을 쓴다는구나 나는 이마에 로맨틱한 스탬프를 찍고 더 밀봉되

어버릴 거야

 준, 우리의 기념일엔 열대의 비가 내리는 인도양에 가보자 오래 가라앉았다가 수면 위로 떠오른 양철 로봇이 이 세계의 균열을 증명해줄 거야

 너의 어쩔 수 없는 무지와 공산주의자 같은 혀끝과.

― **청춘**

― 넌 어떤 꿈을 꾸니?

　책장에 꽂힌 이야기가 시끄러워 귀를 막고 잠든 밤, 닫힌 문 뒤에서 히아신스가 피어오르고 지워지지 않는 펜이 움직이고, 눈꺼풀을 움직일 때마다 크리스털이 떨어져, 자꾸만 발에 밟혀

　약수터 찬물로 세수한 얼굴, 풋콩의 껍질 같은 솜털로, 이 투명한 나무 사이로 헤드폰을 쓴 채 난 걸어가, 발에 차이는 마음의 메시지를 읽지 못하고, 부르지 못하고, 지나고 난 뒤에야 내가 온 길을 돌아봐

　조약돌이 길을 가르쳐주겠지만 이 땅은 가문비나무가 너무 높고 그늘이 깊고 종종 푸르고 씁쓸해

　흘러들어온 내가 고여 있던 나와 부딪치고, 이 강물에 나무다리를 놓을 때까지 초시계를 재며 두근두근, 두근두근, 이곳은 비버들의 나라, 한번 들어온 건 쉽게 떠나보내지 못한다구

　세상에 없는 다이어리를 엿보고 싶어, 거기 어느 한 페이지를 펼치면 이 땅의 수로도(水路圖)가 잘 그려져 있을 텐데, 이번 꿈에서도 보지 못했으니 다시 널 볼 때까지 모래톱

―

에서 두리번거리고 있겠지

 아직도 어느 방문 뒤에서 글 쓰는 소리가 들려, 통나무를 갉아대는 소리 같기도 한, 두부 장수의 종소리가 들리고 아이들은 종이비행기를 날리고.

3부

호러

　취한 애는 더 쏟아냈어 아무 말이나 막 해대더니 깔깔깔 웃었어 웃음병에 걸린 것처럼 웃어대다가 쓰러졌지 오버할 때부터 알아봤다 소주랑 맥주랑 잘도 말아주더니 자기가 먼저 떡이 돼버렸어

　같은 방향이니까 나보고 데려가래 취한 애랑 나를 택시에 밀어넣었다 그러지 마 애들아, 난 몰라, 방향은 같지만 애네 집을 몰라, 애들은 살았다는 표정으로 손을 흔들었다

　너 나 싫어하지?

　고개도 들지 않고 취한 애가 뇌까렸어 작화가 붕괴된 애처럼, 이리저리 흔들리면서, 딸꾹질을 해댔어 내가 등을 쓸어주니까 내 팔을 쳐내면서 가식 떨지 마, 으르렁댔어

　그렇게 듣고 싶어?

　실내경으로, 기사 아저씨가 우릴 봤지 어디서 식용유가 새나 했더니 기사 아저씨 떡진 머리, 흡, 잔뜩 참으며, 넌 걱정이 없어 보여, 그걸 참을 수가 없단다, 말해주려는데 차가 한 번 들썩였지 한 번 더 들썩이니까 취한 애가 자기 입을 막았어

쿨렁
쿨렁 쿨렁

굉장했다, 정말 굉장하게 쏟아냈어, 5만 원 아니면 경찰서래 둘이 합쳐서 2만 원을 주니까 삿대질을 하다가 아저씨는 우릴 버렸다 가래침을 세 번 뱉고 아무 데나 우릴 버렸어 취한 애가 중얼거렸다 여기가 어디야, 모르겠어 여기가 어딘 거야, 나도 모른다고! 핸드폰을 꺼냈더니 배터리가 0이래, 켜자마자 꺼지고, 네 건? 취한 애가 코트 여기저기 뒤졌지만 나올 줄을 몰랐어

우리는 걸어갔지 마포대교 위를

앞서거니 뒤서거니 걸어갔어 머리만 아프고…… 찬바람이 쉴 새 없이 불었다, 얘들아, 다음에 만나면 얘기해줄게, 세상에서 제일 긴 다리가 우리나라에 있었어! 어쩌면 좋아, 차도 안 다니고…… 취한 애 코트에서 자꾸만 쉰 맥주랑 쉰 김밥 냄새, 아니 내 목도리에서 나는 걸까, 현기증이 나면서 나는 주저앉았다
취한 애가 옆에 오더니 소리쳤어

여기다 사람을 버려? 악독해 진짜 악독하다구!

— 멀리 63빌딩까지 메아리가 쳤지

나쁜 것들! 어떻게 우리한테 이래!

그래, 어떻게 이럴 수가 있어! 따라 외치니까, 아랫배가 단단해지면서 조금 힘이 생겼다, 일어서서 취한 애랑 팔짱을 끼려다 움찔, 뒤로 물러났지

세상에, 취한 애 정신이 돌아와 있었어.

시상식 모드

처음 만났지만 차라리 고백을 해버린다면 어떨까? 블랙 미니 드레스에, 펄 립글로스를 바르고는

예전부터 당신을 존경해왔어요

샹들리에 불빛 속에서, 당신은 짓밟혀왔고 평생 자신과 싸워왔군요, 그래요, 알아요, 당신이 내게 오신다면 척추가 무너진 것처럼 인사할 거예요

하지만 상이라는 것은 이제 너에겐 내리막길만 남았다는 저주일 텐데

내내 눈감았던 사람들이 박수를 치네요, 무례하군 참으로 마이너한 에너지다, 오늘 이 자리는 묘하게 많은 사람들이 어울려 있어서, 모아놓으면 병이 돌 것 같은데, 나무들은 비틀립니다 새들은 낮게 날아요 비바람 속 미친 노파가 욕을 해대지만 여기는 스카이 그랜드볼룸

나에 대해 좀더 얘기해주겠어요?

사람들과 손키스를 나누며 당신, 드디어 당신! 녹음한 내 목소리를 억지로 들은 것처럼 벌써 오줌이 마려워, 나는 힙을 조금 들면서, 무슨 일이 있어도 대만족해주겠다는 표정으로.

편입생

   새까맣게 몰랐다
   네가 내려다보고 있을 줄은
   핸드폰을 귀에 대고 네가 내 가르마를 내려다보고 있다는 걸 몰랐어

   마스크를 하고 수술 장갑을 끼고, 뭔가 나한테 떼로 몰려오는 것 같아서 백에 넣어버렸지 전공 책으로 눌러서 핸드폰을 죽여버렸어 그리고 버스를 기다렸는데

   네가 보낸 하녀들에게 둘러싸여버릴 줄은

   "씹어서 미안해"

   얼른 치고 빠지고 싶었지 너희들 아지트가 정류장 앞 2층 까페였구나 무섭게 가까웠어, 나는 나의 무례함에 다친 너의 영혼을 위로합니다, 너희들은 입도 다물지 못한 채 서로 돌아보며 콧김을 내뿜었다

   "어제 현수랑 뭐 했어?"

   세상에, 나는 알아버렸다 네가 하루종일 내 생각만 했다는 걸 너희들은 벌써 이겼는데 뭘 더 가져가려는 걸까 오늘도 종일 한마디를 못 했는데 얘기가 새어버렸다면, 이 과에

는 숨을 데가 없구나 피가 자꾸만 멈춰버린다고 내가 일찍 가버리면, 좋을 건 상조회사 사장뿐이잖아

"비밀이거든?"

반지하 습기처럼 밤새 들러붙길래 한번 안아줬어, 라고는 안 했다 그냥 집에 가버리면 걔한테 맞을 것 같았지 많이 접어줘도 걔는 9급 영어에서 끝날 아이, 30년 뒤에는 엽소용 콩기름 통을 기울이고 있을 거야, 왜 나는 그런 것만 보일까 몰라 다른 건 안 보여서, 멀리서 보면 울창한데 가까이서 보면 날개미들이 우글거릴 뿐이지, 고작 이런 델 오려고!

그래도 너의 것이라면…… 나는 모든 남자를 조금씩 사랑할 수 있다

어디 남의 학교에 와서 나대? 너의 하녀들이 미친듯이 침을 퍼부어댈 것 같았지 너는 다 가졌는데 네 걸 하나 가져온다고 뭐가 그리 야단일까 세상 제일 바닥인 애가 눈뜨고 지 걸 뺏긴 애라면 너는 오늘 처음으로 바닥을 한 번 본 건데

피식,

네가 쪼갠 뒤에야

그랬구나
갑자기 알아버렸지
이 과에서 나만 몰랐다는 걸
네가 이미 걔를 버렸다는 걸

버린 걸 주워다가 난 어디를 닦은 걸까? 다음 학기에는 나 가랄까봐 집에 가면 설거지를 했어, 내 것도 아닌데 사촌 방도 닦아주었다 그리고 쓰러지듯 잠들었지 친척집이란 그런 것, 오늘 나는 돌아갈 곳이 없다 걸레를 밀 힘이 없으니까

"가져, 너 다 가져!ㅋ"

은혜를 베풀면서 네가 말했다.

애원

9시! 10분!!

정문으로는, 진짜 안 가려고 했는데, 아, 거기 아니면 길이 없어! 핸드폰에 코 박고 걸어가면 될 거야 가방에 얼굴을 넣으면 안 보일까, 생각하는 사이 정문으로 가게 됐어

섬뜩, 천막을 다 열어놨네 날이 풀려서 언니들이 밖에 나와 있었어, 108배를 올리고 있었다 슬로모션으로, 지나가는 애들을 다 쳐다보면서 볼이랑 눈들이 새빨갰어

눈만 마주치지 말자 눈만

(좀만 더 갔으면 살았는데!) 언니가 있었지, 조교 언니가 나를 노려보고 있었어
덜덜 떨면서 언니한테 갔다 다크서클이 진해졌구나, 지난번엔 고디바 초콜릿이랑 립 에센스도 가져다줬는데 그새 입술이 다 터져 있었어, 그게 벌써 두 달 전

다 모른 척해도 네가 그러면 돼?

알아, 언니 때문에 과사무실에서 살았지 짜장면을 일주일에 세 번이나 같이 먹었잖아, 아침에 눈뜨면, 오늘은 누구랑 점심을 먹나, 그랬는데, 언니 땜에 살았어, 언니 대신 양

면 복사도 하고…… 강사 할아버지들 커피도 타 드렸는데

　정말 미안해, 엄마도 아프셨고, 시험도 겹쳤고

　진짜야 엄마가 아픈 건 진짜야, 팅팅 부은 손으로 꺼내준 엄마 돈 만 원, 오늘은 그걸로 카드 충전을 하고 왔어, 그러니까 가야 돼, 언니 나 갈게, 난 이제 밥 먹을 데도 없어졌고, 언닌 이게 뭐야, 하루 세 번이나 108배를 하면 얼굴도 붓고 관절에 물이 찰 텐데, 차라리 119에 신고해, 아니 112인가? 이제 언니랑 나랑은 따로 연락해서 밥 먹기는 그냥 그런 사이, 나는 언니 손을 잡았어

　잘되겠지, 힘내 언니! 다음번엔 꼭 빵이라도 갖다줄게

　언니가 내 손을 비틀어 잡았어

　악!
　깝치지 좀 말아줄래?

　어금니로 맷돌을 돌리는 줄 았았네, 물은 갈아야 안 썩는대, 사람도 마찬가지, 언니 나 정말 가고 싶어, 갈래, 나 좀 도와줘, 그때는 그때고 지금은 지금이잖아! 눈빛을 쏘아줬지만 언니는 완전 취해 있었어

너 때문이야, 다 너 같은 애들 때문이라고!!

두 달이나 천막에서 자더니 많이 상했구나, 정신 차려, 늦기 전에 천안이나 인천 쪽으로 나가봐 거기 가면 공장도 많고 컨베이어 벨트를 탈 수 있어 돈도 120이나 줘

언니, 이러지 마 나 늦었다구, 오늘도 늦으면 진짜 F야!

벌써 9시 18분, 20분을 넘기면 결석이랬는데…… 갑자기 언니는 잡아뜯기 시작했어 자기 머리를, 비명을 지르면서 자기 가슴도 쳐댔어, 뒤쪽으로 이마에 띠를 두른 다른 조교 언니들이 다가오고, 잔뜩 목을 뺀 채, 학생 애들이랑 직원들까지

미쳐,

아 좀 가라고!
가라고 이 흡혈귀들아!

구직 활동을 하러 교회에 갔어요

절대로 열지 마세요
손대지 말아요
조금이라도 끄집어낸다면
기절해서 영영 돌아오지 않겠어요

그렇게 마음먹은 사람 정말 없나요? 모두들 끄집어냅니다 가장 밑바닥의 얼굴로 소리치면서 박수치면서, 나를 더욱 가져가세요 내 안의 나를 다 휩쓸어가주세요

큰일났어요 나 혼자 눈 뜨고 가만히 있으면 영영 안 끝날 것 같아 나도 나사가 풀려갑니다 강대상 옆에는 잘린 다리들이 쌓여가는구나 친친 전차를 타고 끓인 포도주를 마시며 금전등록기를 열었다가 닫았다가 열었다가…… 계속계속계속(아주 미칠 듯이)

저 맨 앞쪽 엄마 친구의 친구의 아드님은 잘생겼어요 뒤통수만 봐도 알 수 있어요 영향력이 있게 생긴 목, 목이 두껍습니다(목도 물려받은 걸까) 엄마는 나를 소개하고, 이 기도가 모두 끝나면 현관을 같이 나가면서 꼭 그의 손을 잡아야 한다고 가르쳤죠 손을 잡기 위해 여기 왔지만 요즘은 목이 굵은 사람만 보면 오빠라고 부르고 싶어요 오빠, 여자 혼자서 사업하기 참 힘드네요*

조금만 먹어도 살 수 있는데, 태어나서도 나는 한참을 늦게 울었다는데, 지금은 저절로 얼굴이 구겨집니다

끝이 좋으면 다 좋은 것이니까 더욱 구하자

엄마와 손을 잡고 나는 더욱 나사가 빠져 돌아갑니다 지하 식당에서는 천 명이 먹고도 남을 뼈를 삶고 양지를 삶는 냄새, 저 기름을 다 건져내려면 이 세상이 정말 있다는 것을 믿어야 하겠지, 무슨 일이 있어도 여길 나갈 때는, 처음 왔지만 다 얻은 사람처럼, 꼭지가 돌아버린 사람처럼 웃고 싶어요

하느님 오빠
괴롭혀서
저를 더욱 못생기게 만들어주세요.

* 지하철 '찌라시' 문구.

오픈 테스트

에이, 합격**율**이 뭐예요, 공부 좀 해라 진짜……(병신)

세상에 창문이 없는 교실도 있구나 산소가 부족하니까 너희들이 미쳐 날뛰는 걸까? 너희들은 왜 이런 델 왔니 아는 것도 많은데 왜 밤 10시까지 공부하고 몰래 한 시간을 더 하니

그래, 우연히 여기 떨어진 거지 너희 아파트에서 가까우니까 너희 부모가 여기 버린 거야, 상가 1층에서 삼각김밥을 사먹고 창도 없는 여기서 시간을 때우다 4층 독서실로 가서 자는구나, 여기가 너네들 집이구나, 나는 어제 여기 왔으니까 몰랐어 바보처럼 1년이나 가르쳤다고 거짓말을 했어, 원장님은 다 알면서도 날 받아줬는데……

멍 때리지 마요! 빨리 진도나 나가요 진짜

밟아주래, 원장님이 그랬어, 그래야 되는 인간들, 그래야 인간이 되는 인간들이 있다 특히 떠들어대는 너는 너희 엄마가 자다가 죽어버리면 아침밥도 안 차려놨다고 열 받을 아이로구나, 뭐라든, 그래도 학원에는 오겠지, 달리 갈 데도 없는 너희들, 와서 앉아 있으면 한 글자라도 얻어듣게 되겠지, 나도 지금부터 누가 죽어나자빠져도 너희들 합격**률**을 올려놓겠어

못할 것 같니?
못할 것 같아 **내가**?

뭘 좀 알아먹은 것처럼 입을 닫고 날 바라보지만 너희는 뭘 얼마나 알아먹었니? 나는 온 힘을 다해 칠판을 쾅 치고, 약한 것 같아서 한 번 더 쳤어.

6인실

― 불가사의한 신력과 대원력의 밤

나는 안겨 있어요 등을 밝혀주고 경을 읽어주고, 잠든 얼굴이 썩은 양파 냄새를 피워올리네요

밑화장도 없이 립스틱을 발랐어요 아무래도 이 머리통은 기계로 깎은 알밤 같아, 맛도 없고 어디에도 어울리지 않는 거예요 표백제에 오래 담갔다가 꺼낸 빨래처럼 누워 있는 나의 분신들

데친 문어를 좋아하세요? 낮엔 복도를 뛰어다녔어요 데친 문어처럼 팔을 흔들며, 나의 죄가 조금 씻기는 듯했죠

"자매여, 여긴 성스러운 병원입니다"

염불 소리를 들으며 사탕을 빨며 개미나 들여다보던 나의 육체, 이 밤엔 피곤한지 잘도 깨어날 줄을 모르네요 물에 담가놓은 미역처럼 부푼 나의 얼굴, 경을 읽어주던 엄마도 죽은 척 말이 없고

천 피스 퍼즐을 끼워 맞추는 밤이에요 누군가 타오르는 사과를 건네주었으면! 소리내어 씹어먹는 걸 나는 좋아합니다

―

미워할 원수가 있었으면, 증오할 육친이 있었으면
하지만

아무도 없이 나는 이 밤에 안겨 있어요
하늘 옷과 스물네 개의 구슬
그리고
나예요
다만 나인 거죠.

— **기대**

— 뭐 할까 이제?

— 글쎄……

— 그걸 왜 나한테 물어, 영화를 보고, 밥을 먹고, 차를 마시면서, 너는 멍하니 나를 봤어 스케줄도 없이 나를 만났다니 장난일 거야

— 난 요즘 저녁도 안 먹고 아파트를 걸었어 허벅지 근육이 고장날 정도로 걸었다 3킬로나 뺐는데, 니가 나한테 이러면 안 돼, 이럴 수는 없다, 지난번 애도 이래서 전화번호를 바꿨는데

— 그럼 그냥 거기 갈까?

— 거기가 어딘데, 니 거기가 어딘데, 아까 니가 설렁탕이나 먹자고 할 때부터 알아봤어 그때부터 눈물이 났다 오늘쯤은 교외로 나갈 줄 알았어 야경을 내려다보면서 서빙을 받고 싶었지 세상 모든 걸 내 눈에 담고 싶었다, 힐까지 신고서, 그래도 참고 설렁탕을 먹었는데……

— 너…… 울어?

—

그렇게 담배만 피우면 니가 심각한 줄 알지, 난 알아, 네가 지금 아무 생각이 없다는 걸, 나는 소리도 없이 눈물을 흘렸어 발레파킹 아저씨도 나한텐 안 이래, 커피잔을 감싸쥐고 손을 떨었다 가방에서 카드랑 초콜릿을 꺼냈지 밤새 만든 수제 초콜릿, 너에게 밀어주었다

어쩜 그렇게 내 맘을 몰라?

일어서서 그대로 나와버렸지 손으로 입을 틀어막았어, 니가 나를 부르고 있었지만 뒤도 안 돌아보고 길을 내려갔다 너는 계속 내 이름을 부르며 따라왔지 나는 살짝 더 빨리 달리며 울었다

미안해, 정말 미안해!

니가 외치면 외칠수록 낭만적인 이 기분.

절교 선언

실지렁이 길을 따라갔어요 강물이 나타나면 양볼에 바람을 불어넣고 강을 건넜죠 독감에 걸려 밤새 감귤 시가를 피웠구요 절벽 밑을 내려다보다 스마일 배지를 잃어버리기도 했죠 쿠키 반죽 흙덩이 쿠키 반죽 흙덩이 얼굴이 얼굴이 아닌 것처럼 굳어갔죠 처음 보는 버섯을 먹으며 힘을 냈어요 배가 좀 아프면 기절했다가 다시 일어났죠 아무도 없는 구덩이에 나만 버려진 것 같아, 두더지들이 싸우고 있었어요 피에로 막대사탕을 나누어주었죠 우린 어깨동무를 하고 풍차가 만들어내는 땅안개를 구경했어요 두더지 형제가 가져온 롤케이크를 잘라먹고, 그런데 어디 가는 중이었니? 참, 참! 둥근잎다정큰나무, 한 번도 본 적 없고 내 일기장에만 그려보았던 나무 밑에 도착했지요 땅을 파고 금합을 열었어요 온 땅을 잠재울 오르골 연주가 들려왔지요 바람을 따라 애벌레들이 함께 노래 부르고, 난 인형을 금합에 담았어요 두더지들이 박수를 쳤죠 휘파람을 불었어요 이제 손을 놓을까요? 우리 정말 여기서 헤어질까요? 지렁이가 건네준 민트 껌을 씹었어요 우박이 내렸지만 하나도 아프지 않았어요.

닌나난나

함께 놀아요 보리수꽃차 나눠 마시고 어리광 피우기 놀이 해요 나만의 부티크를 갖고 싶고, 여섯 배는 느리게 움직이지만 자꾸만 멍이 들죠 난 유일의 목소리를 가졌고 비밀이 많아! 외쳐보지만 행복해지진 않아요, 걸스카우트 매듭을 배웠는데 제대로 묶는 게 하나도 없죠 어리광 좋아해요 사랑 얘기만 하고 세상을 몰라요.

여름의 에테르

  길고 긴 계절의 편지를 쓰고 계단을 내려갔을 때였지, 코끼리 열차를 타고 온다는 라운지 밴드는 줄다가 가버렸고 담쟁이덩굴만 골목에 가득했어 난 여름의 마음을 담아 목각 인형을 풀어주었지 트로피컬 양산을 귀에 꽂고 잠자리 안경을 씌워주었어

  떠돌이 악사를 찾아가, 산악 전차를 타고 다시 여행을 시작해

  하늘나라 미술관에선 하트 모양의 펀치를 찍고 있었지 라일락의 마지막 꽃잎이 흩날리고 있었어, 사람들은 어떻게 여름을 살아갈까 마음이 지워질 때까지 얼마나 더 꽃잎을 모아야 할까

  아무것도 미운 건 없었어 써야 할 이야기가 많아서, 지워야 할 이야기가 많아서 나는 또 대문을 닫겠지만 눈길이 닿는 곳마다 만난 적 없는 눈망울과 이 여름의 공기와, 에테르의, 부서져 흩어지는 에테르의 바다.

4부

— **정반합**

— 교수님은 식초랑 뒤섞인 녹즙을 또 만들어대기 시작했어 뭘 넣어도 다 녹즙으로 나오는 기계…… 무슨 학교가 맨날 공사만 해서 오늘은 에어컨도 안 나오는데

이제부터 우린 쪽지로만 말하자

'돈 내고 벌 받지'
'잠들어버려'
'마놀로 블라닉이랑 지미추'
'살과 고뇌'
'말이 돼?'

지난주엔 『내 아들 유학가서 어떻게 능력자가 되었나』로 한 시간이나 벌을 받았어 이 여자, 대체 뭘로 시험을 치려는 걸까? 다른 아이들이라면, 전기 합선을 맞은 것처럼 머리를 튕겨대다가 딴 나라로 가버렸구나, 나가서 담배 바코드라도 찍고 있으면 마음이라도 편할 텐데

'괜찮을까?'
'꿈에 교수님이 나왔어요, 지저귀면서 맴돌면 해결'

큐피드레싱을 잔뜩 뿌려서 나눠 먹으니까 뭐든지 맛이 나, 우린 기내식을 먹으면서 세계 도처에 친구가 있지

—

이러다가 모르는 아프리카 아이에게 후원금을 낼 수도 있겠잖아!

'끝나고 어디서 만날?'
'미안, 은정이 생일. 오늘은 너 혼자 가'

'…'
'…………'

'아, 할머니 제사구나?'
'맞아!'

네가 고개를 끄덕이는 꼴을 보기 싫어서 돌려버렸다 너 같은 애, 어쩜 너 같은 애……

더이상 고개를 둘 데도 없으니 교수님만 노려봤지 그 여자, 나랑 눈이 마주치니까 더 반짝이면서 『남편과 아들과 자기가 섬기는 엄청 큰 뭔 소리인지 끝내 알 수 없는 이건 대체 뭘까』에 대해 떠들어대기 시작했다.

빛이 우리를 인도할까요

이모가 사라져버릴까봐 나는 이모를 귀여워하기로 해요

튜브를 코에 끼우고 어린이용 환자복을 입고, 안 본다고 침대 밑에서 혼자 쓰러져 있는 이모

이리 와 머리 빗겨줄게

물도 없이 레몬소다가루를 삼킨 표정으로 이모는 바닥에서 뭔가를 참았구나, 엉망진창 이모의 머리를 이리저리 빗기며, 좋은 꿈을 꾸려면 포춘 쿠키가 몇 상자나 필요한 걸까 세기 시작해요

미미는 팔렸니?

한밤중에 더듬더듬 스위치를 찾는 심정으로 묻겠지만 이모의 고양이는, 엄마 없는 집에서 더 오래 정물처럼 멈춰 있다가 살충제를 먹고 먼저 가버릴지도 몰라요

남편에겐 여자친구가 있고, 딸들은 남편을 틀어막는 또다른 슬픔이라면, 장래에 내 남자가 될 사람은 풀을 무척이나 좋아하는 홀스타인 암소 같은 사람이라면 좋겠어요

너무너무 시시한 이야기들

미안해요 아까 강의 시간에 계속 딴생각을 했더니 힘이 남아돌아서 그래요. 나는 요즘 과거에만 살아서, 나랑 젊은 이모가 밥을 먹다가 잠든 벌레를 찾았던 그날이 떠올라요 거미와 생쥐가 우글거렸던 집.

그 집에서 빨리 떠나고 싶어서 연탄 창고에 짐을 다 버리고 가버렸나요?

그냥, 누구도 나 보는 사람 없는데도 문을 잠그고 화장실에 숨고 싶어서, 종일 물을 틀어놓고 바라보고만 싶어서, 계속계속 노력하면 될 수도 있겠지만 나는 뭔가 다른 것이 되어가서

이모의 목소리는, 잘 들리지 않아서, 못 들은 걸로 하겠어요 이젠 이웃 교회의 부인들이 가져다준 사탕과 귤을 먹으면서 양쪽 귀를 내리기로 해요 창밖에선 벌써부터 캐롤이 들려오지만 못 들은 것처럼, 더이상 작아지면 귀여워할 수 없으니까 이리 와요 와서 내 등에 업혀요 지금은

그렇지만 가끔은
나도 궁금해요
세상의 많은 자동차는 어떻게 부딪치지 않고 잘도 달릴까요.

― **교환 일기**

　― 눈을 떠도 또 한 겹의 눈이 닫혀 있는 걸

　나는 너의 팔짱을 낀다 우린 지독한 교리문답에 너무 오래 시달렸잖니, 오늘은 조금만 사랑하자 너가 이야기를 하는 동안 너의 음성이 흉곽을 진동시키고, 나는 조금 빨개진다 손풍금 주름처럼 펄럭이는 커튼, 커튼 뒤에 숨어서 나는 기댄다 언제까지 교과서 사이에 편지를 숨겨 읽어야 할까?

　하지만 그건 너 자신을 너무 신성시하는 일

　우린 지우개를 줍다 서로의 아랫도리 냄새를 맡았던 일에 대해 말한다 그래, 조금씩 더러워지는 일, 치맛자락에 묻어 지워지지 않는 얼룩에 대해서 이야기한다

　절대 내일은 만나지 말자 네 친구들이 머리칼을 당기고 지나갔어 가만히 걸어가는데도 평균대 밑으로 헛발을 짚는 기분, 우리들 볼펜은 너무 낡았고 이젠 무엇을 써야 할지 알 수도 없지만

　깨진 병조각이 아름다워 보여, 나는 걷고 있지만 또 날고 있는걸, 그래 미워하지 말자 너무 멋있다고 말해주지도 말자 그렇지만 이 깨끗한 눈을 너와 나누어 먹고 싶어, 단지 그것뿐

　―

네 이름표는 되돌려주고 싶지만 영원히 그러지 않기로 했어 나는 아직 찢어진 날개 같고, 돌아가봤자 씻고 잠든 척했다가 또다시 공원을 어슬렁거릴 텐데, 나는 껴안는다 비단보료 위에서 알몸으로 깨어난 우리

　아이들이 욕한다고 우리가 정말 아름다워지는 걸까? 응? 응?

— **보험**

　취한 사람들이 모두 여기 내려와서 화장실을 보고 간 걸까 나는 코를 잡고 계단을 내려갔어 방에 가면 세탁기부터 돌려야겠지 난간에는 손끝 하나 대지 않았어도

　그래도 네 개는 될 줄 알았다 책상 두 개에 비상구도 없는 이런 데에서 뭘 다시 시작하려는 걸까, 두루마리 휴지를 내려놓자 선배는 내 손을 쥐고 흔들어댔다 사장님 옆에는 직원도 하나 서 있었어

　처음에는 출장 뷔페, 그다음에는 케이크였지 이번에는 돼지 간…… 나는 간을 떡볶이 소스에 찍어 먹다가 결국 바지에 흘리고 말았지 닦아주고 닦아주다가 선배는 말이 없어졌다

　올라갈 거야, 바닥이 더 있겠어?

　새벽에 받는 전화는 꼭 병원이지, 왜 죽었는지는 가서 물어보면 되지만 현금인출기 앞에서라면 3만 원을 뽑아야 할지, 5만 원을 뽑아야 할지 누가 죽어도 헷갈려

　알아요, 꼭 선배는……

　다른 사람들은 대체 언제 오는 거야, 내가 사온 휴지로 눈

을 가리고 선배는 내 손을 더욱 잡았어 어쩐지 공기로도 옮을 것 같아, 분식집 냄새는 잘 지워지지도 않는데…… 뒤에 직원이 쳐다보고 있어서 좀 있다 생각하기로 했다.

친자 확인 검사

안 올 줄 알았는데 왔네?

뭐래, 영양가도 없는 저런 애가 어디서, 싫었지만 안 들린 척했어 그래도 좋은 날, 조교 언니는 개 이마를 손가락으로 두 번 두드려주곤 나에게 팔을 벌렸어 나는 발바닥까지 뜨거워져서는

너무 꼬리 치지는 않으면서, 선물을 건네줬어 내 세 달 페이로 초이스한 선물, 언니는 포장을 풀면서 마침내 열려버렸지 기프티콘이나 쏘는 애들 본 좀 받지, 주위에 떠들어대며 나를 옆자리에 앉혔다 고깔모자도 씌워주었어

자그마치 1년

꼬박 1년 만에 조교 언니랑 잔을 부딪쳤어 나는 몰랐지 언니가 이교수님 조교라는 걸, 것도 모르고 이야기를 털어놨다 털어놓고서야 알았어 이교수님 수업…… 나 혼자 플러스 점수……

죽은 난쟁이와 거미들이 가득한 풀장이다 언제까지나 막대기 던져주는 사람도 없이

나 따위, 그래 나 따위! 짝짝이 염소 눈알처럼 사방으로

내 눈을 굴리면서 6개월, 1년…… 1년 동안 교수님 수업을 완전 뺀 뒤에야 초대를 받았어 오늘 정도는 마셔도 괜찮잖아? 여기저기 잔을 부딪치며 점점 싱크로율이 떨어졌지 언니들이 두 개로 보였다가, 세 개로 보였다가…… 나는 울면서 조교 언니에게 고백을 했어

　차라리 언니가 아팠으면 좋겠다고 기도했어요 그러면 내가 뭐라도 힘이 될 수 있잖아

　우리는 어울려서 더욱 마셨지 담배도 나누어 피웠다 화장실에 갔다 오니까 아까부터 나를 바라보던 영양가 없는 애가 갑자기 내 귀에 속삭였어 우리, 그 사람 여기로 오라고 하자, 니 생일이라고

　멋대로 내 폰 사진을 구경하던 개가 어느새 번호를 누르고 있었어 이교수님 번호, 내 단축 다이얼 1번, 남의 엉덩이 온기가 남은 지하철 의자에 맨살로 앉은 것처럼 나는 치밀어올라서 소리쳤지

　왜 어처구니없는 짓을 해!

　가게 안의 사람들이 다 나를 쳐다봤어 아, 메달을 걸고 포토존에 서 있는 기분, 한 개를 걸어버리니까 두 개도 걸 수

― 있겠잖아! 그 애가 잠깐 물러섰다 조교 언니가 우리 둘을 어깨동무하며 말했어

농담이야 장난도 못 하니?

서클렌즈 세 개는 낀 것 같은
언니의 눈을 보고서야
나는 알았지
이번 검사에서 또 떨어졌다는 걸
취한 척
그대로 의자에 머리를 처박아버렸다.

자신

　한 달은 머리도 안 감고 잠도 안 잘 거야 그렇게 살 거야 마음을 먹었으니까 커피를 그렇게 부었지 죽진 않을 테니까 위장에 커피를 그렇게 넣어주었어

　시험이니까, "가슴 뛰는 삶을 사는 너를 응원한다"고 도서관 게시판이 말해줬어 와서 간식도 받아가라고 학생회 천사들이 손나팔을 불었어

　나도 뭔가를 하는구나

　알바는 전부 외주를 줬지 내 가슴이 뛰어서 아무것도 못 먹었지만 읽고 또 외우고, 줄을 치면서 더 외워나갔어 나도 정말 도서관에서 살아봤어

　보정 속옷을 겹쳐 입은 것처럼 숨이 차올랐다 파운데이션을 잘못 바른 것처럼 얼굴색이 달라져버렸어 읽고 또 외우고, 그렇게 외워버렸는데……

　왜 나만 망해

　제설용 모래를 뿌린 빵을 씹으며, 항문외과 검진을 기다리는 사람처럼, 고개를 숙여버렸어 여길 왜 다닐까 돈만 벌어다주고 끝까지 용돈 한번 못 받아보겠구나 휴대폰만 들여

― 다보다가 제일 나쁜 아저씨한테 톡을 보냈어

저의 진심⋯⋯최선⋯⋯ 어떻게 더⋯⋯ 이 수업을 사랑해서 더⋯⋯

상대평가⋯⋯ 내가 분명 말했지⋯⋯ 이딴 걸로 연락하면⋯⋯ 더 깎아⋯⋯ 너 누구?

흠칫, 세 시간을 비비다가 답을 받았지 보건증 갱신하러 가야 하는데 롯데리아에서 물 콜라를 세 시간이나 빨아 먹었어 리필, 또 리필, 이젠 콜라만 마셔도 심장이 뛰는구나 친구들 채팅 창이 자꾸 열려댔지

그 아저씨 꺼 또 들어야 되니까 니가 멈춰, 휴학 아이템을 써보면, 포장마차 뒤에서 오줌 싸는 아저씨들은 건들기만 해도 화내니까, 자선 비즈니스 좀 하시지, 잘하지, 근데 너도 잘하지

애들아 그만 보내 뼈에 남은 심줄까지 그렇게 발라먹어야 하겠니 나의 피부, 미스트를 아무리 뿌려대도 하트 깊숙한 곳까지 닿을 줄을 몰랐어 가정의 맛이 그리워 밑천 없는 애들이 믿을 건 뭘까? 하면 된다 될 거야 되어가기도 하겠지 지금 나 같은 애는 무척 싸 보여서⋯⋯ 곱등이 손으

로 톡을 날렸어

아저씨 당신을 이해할 수 있는 건 나밖에 없을 거예요.

진실 게임

― 우린 너를 믿는다

는 말은 무슨 뜻일까 너희는 몇 년 만에 다시 만난 사촌 언니들처럼 속삭이며 내 등을 토닥이지만 너무 오래 자고 계속 일어나는데도 어째서 해는 뜨지 않는 것일까

이불도 없이 쓰러져가는 너희들, 오늘 밤엔 진실하다 향초 앞에서, 그래, 영원히 아침을 맞이할 수 없는 사람들의 표정으로 우린 진실해

배다른 동생의 자취방에 들렀고 팔은 버둥거렸지만 입술은 나도 모르게 더욱 벌어지었어

손대면 손댈수록 무거워지는 트렁크를 들고, 침대칸을 타고, 멀리멀리 가버리는 나의 이야기

하지만 너희들, 나를 놓쳐선 안 돼, 나는 그것이 내 안에 있다는 걸 느낄 수 있어! 나는 더욱 풍선을 크게 불고 자주 어지러워져서

내 생일, 엄마 생일, 첫눈 오는 날, 재혼한 아빠와는 세 번, 1년에 세 번을 만나는데 그날엔 제일 예쁘고 싶어서 코밑 솜털을 뽑고 레이디 쉐이브를 하고, 한번 시작하면 멈출 수가

없어서 내 몸의 모든 그것을

 우린 너를 믿는다는 말은 골치 아픈 거짓말은 그만, 이라는 뜻

 나는 코를 너무 풀다가 드디어 몸이 망가진다 소리치는 너희를 버리고 민박집 대문을 달려나가며, 일출이 오고 있어 애들아, 우리가 여기 온 건 그것 때문인데, 나는 그것을 보려고 했는데

 앞으로 잘될 거야, 라면 정말 잘되어갈 수 있을까.

— **같이 놀아요**

— 자꾸만 뭘 먹어야 살 수 있다면 난 언제까지 더 살 수 있을까요. 한번 심장이 멈췄으니까 계절이 바뀌는 소리를 듣고만 있어요. 바람 낙엽 눈이 오가는 시간들, 바다는 옷이 젖어서 싫지만 숲은 쓸모없는 이끼들로 가득해서 좋아요. 귀마개를 하면 어디든 비슷해서 나는 지금 이 바닥에 꼬옥 붙어 있고 싶어지고, 이만큼의 하늘과 이만큼의 구름, 란도셀을 메고 아이들이 뛰어가네요. 징이 박힌 구두 코끼리가 춤을 춰요. 나는 해마다 조금씩 키가 줄기는 하지만 생일 선물도 필요없고 발이 너무 많은 벌레들도 사랑해요. 당신이 나에게 오신다면 집들이 선물로 팩 비료를 사다주세요. 나한테서는 조금 냄새가 날지도 모르겠지만 당신이 살아온 날들보다 훨씬 더 많은 친구들을 갖고 있어서 심심하진 않을 거예요. 한 시간 두 시간 세 시간 나를 안기가 너무 두렵다면 그냥 바라보다가 떠나도 좋아요. 그럼 난 숫기 없는 애인처럼 볼이 빨개져서는 눈을 깜빡이며, 이런저런 걱정거리로 또 몇 해를 흘려보내겠죠.

숙녀의 기분

마지막으로
계단을 올라가는 사람에겐
날개를
조금 먹고 조금 사는 금붕어에겐
알약을

종일 유리공을 불고 종일 금 간 유리공을 쓰고 돌아다니는 지구인들의 거리를 지나왔죠 난 자랄 만큼 자랐고 놀란 노루처럼 귀를 세울 줄도 아는데

비가 오는 날은 도무지 약이 없어요

기분은, 비단벌레들이 털실을 다 풀면 돌아올 테고 영원히 살지는 못하겠지만 스카프를 두르고 오래된 그림책 위를 날아가네요, 꿀을 넣은 작은 홍차를 마실 거예요, 시간과 공간의 모눈종이를 펼치면 난 대체 어디에 있는 걸까요

가슴으로 자주 비가 스며들어온답니다 뢴트겐 씨를 부르고 심장을 얼린다면 살 수 있을까요?

내가 아는 모든 사람들의 거리를 유리온실로 덮어주고 내 기분은 다음달에 바다로 갔다가 화산을 구경하고 2층 버스를 타고 없어질 거예요 누가 뭐래도.

큐티 큐티 큐트

샤라랑!

해설

숙녀라는 이름의 굴욕 플레이어
함돈균(문학평론가)

레이디스 앤드 젠틀맨(Ladies and Gentlemen)? 노, 노(No, No)! 이 시집의 '숙녀'는 그 '레이디'가 아니다. 이 숙녀의 곁에는 트래디셔널한 신사도, 쉬크한 젠틀맨도 없으니 말이다. 없는 건 그뿐이 아니다. '신사, 숙녀 여러분'이라는 호명과 동시에 그들 앞에 화려한 스포트라이트를 비추며 소개될 배우도, 첨단의 신상도, 쇼윈도 속의 매혹적인 명품 백도 여기에는 없다.

대신 이 숙녀는 그와는 다른 사물과 인간군상에 둘러싸여 있다. 바깥이 보이지 않는 창문, 엄마에게 버려져 저녁에나 나갈 수 있는 어두운 학원 교실과 24시간 열람실. 혼자 가지고 노는 공깃돌, 냄새나는 기숙사 이불. 비 맞은 길고양이 털 냄새와 한 줄 김밥, 쓰레기통에서 주운 물수건 같은 것들 말이다. 그러므로 그녀의 곁을 고3 교실의 구원자처럼 보이는 교생과 취업재수생 남친, 연구실이 없는 교양수업 강사, 월급날을 알람 맞추듯 알고 문자하는 후배, 편입생을 왕따시키는 아이들이 에스코트하고 있다고 해서 놀랄 일은 없을 것이다.

첫 시집 『후르츠 캔디 버스』에서 씁쓸한 캔디를 빨던 박상수의 그 아이들은 어언 7년 만에 '숙녀'가 되었으나 그들은 여전히 '굴욕'의 런웨이(runway)를 걷고 있다.

그녀의 젠틀맨과 '굴욕'이라는 근본기분

이제부터 차차 이야기하겠지만, 당연하게도 "숙녀의 기분"은 이 시집에서 단지 개인적이고 심리적인 차원의 어떤 것을 지시하지 않는다. 이 '기분'은 주인공들이 겪는 세계 경험의 표면이자 이면이다. 그것이 삶의 경험에 대한 그녀들의 즉각적인 반응 형식이자, 그 반응이 우리 시대의 삶의 실체를 암시하는 어떤 그림자를 거느리고 있으므로. 이 시집에서 이 '기분'은 그녀들과 교제하고 있는 '젠틀맨'(이 젠틀맨이 여자일 경우도 적지 않다)과의 관계에서 발생하는데, 그 풍경은 대개 이렇게 가볍고 희극적이다.

좀 가, 냄새나니까 좀 가

내 침대에 들어가서는 자는 척하고 있구나 그렇게도 입지 말라는 늘어난 면 티를 입고서, 굴욕 플레이가 더는 싫어서 너를 만났지 스쿨버스에 캐리어 올려줄 사람이 없어서 너를 만났어 일주일 전부터 너에게 들려주고 싶었던 이야기, 기어이 마구 해버렸다 넌 이불 밑에서 번민광처럼 중얼거렸지

내가 시험 떨어졌다고 이러는 거니?

한 번 더 떨어져서 다섯 번 채워, 그다음엔 어디 국토대
장정 같은 데라도 갔다 와 거기 가면 울면서 어른이 된대

그러지 말랬지 그런 마이너스 사고방식

갑자기 뛰쳐나와 네가 나를 안아버렸다 내 머리카락에
코를 파묻고 훌쩍였어 나도 몰래 스르르 가랑이가 벌어졌
지만 딱 1분간만 키스해주었지 그리고 떨쳐냈다

책상 위의 교정기를 이빨에 끼우고 너를 내려다봤어, 때
릴 거야 때려버릴 거야, 고개를 흔들다가 이번 방학이 끝
날 때까지만 참기로 했어.
—「기숙사 커플」부분

숙녀는 그녀의 '젠틀맨'을 영입한다. 그러나 그는 유니크
하지도 댄디하지도 않다. 그는 그녀가 "그렇게도 입지 말라
는 늘어난 면 티를 입고" 있으며 "냄새"가 난다. 그는 시험
에 네 번이나 미끄러진 취업재수생이다. 숙녀에게 그런 젠
틀맨의 영입이 전적인 자의일 리가 없다. 하지만 그걸 타의
에 의한 것이라고 하기도 어렵다. 그녀가 "굴욕 플레이가 더
는 싫어서" 그를 선택했으므로. 이 이유는 눈여겨볼 필요가
있다. 이 언술은 이 시집의 전체 성격과 '숙녀의 기분'의 실
체를 가늠하게 하는 주목할 만한 '시적' 발화이기 때문이다.

이 시의 화자는 "굴욕 플레이가 더는 싫어서" "스쿨버스에 캐리어 올려줄 사람이 없어서 너를 만났"다. 이 발화에는 화자가 겪고 있는 상황의 난처함과 기분의 곤혹스러움이 그대로 묻어난다. 누가 멋진 남친을 마다할 것인가. 하지만 그건 희망사항일 뿐이다. 그녀에게 그러한 남친은 나타나지 않는다. "더는 싫어서"라는 발화는 이 가능성이 앞으로도 실현될 수 없음을 암시하고 있다. 따라서 대타로 영입한 비전 없는 남친의 존재란 곧 그녀 자신의 현실적 '(상품) 경쟁력'을 반증하는 존재라고 할 수 있겠다. 이 '젠틀맨'의 형상이 그녀 자신의 자화상이라는 말이다.

중요한 것은 이 개인적 발화에 나타나는 알량한 자존심에 우리 세대의 생태학이라고 할 만한 세태의 이면이 감지된다는 사실이다. 이게 이 가볍고 앙큼한 발화를 어떤 시적인 지점으로 옮겨가게 한다. 그녀는 "굴욕 플레이가 더는 싫"고, "스쿨버스에 캐리어 올려줄 사람"이 필요하다. "굴욕 플레이"에는 타자의 시선에 대한 그녀의 자의식이, '스쿨버스 캐리어'에는 그녀의 무의식에도 깊이 삼투된 사회적이고 실용적인 생존본능이 묻어난다. 그러므로 이 냄새나는 젠틀맨은 최선도 차선도 아니며, 거의 최악에 가깝지만, 그래도 이걸 그녀는 '선택'하는 것이다. 이 선택은 울며 겨자 먹기지만, 전적인 타의라고 할 수도 없다는 점에서 아이러니한 측면이 있다. 바꿔 말해 세대론적 멘탈이 표출되는 이 아이러니에는 일정한 자의와 타의가 공모하는 곤혹스러운 '기분'을 드러내면서, 사회의 폭력과 개인의 윤리가 교차하고 있다. 그래서 '숙녀'의 '굴욕 플레이'는 어떤 식으로든 욕망의 사회학과 관련을 맺는다.

하이데거가 세계의 존재 정황을 이해하려면 주체의 '기분(Stimmung)'을 잘 살펴보라고 조언한 것도 이와 관련이 있다. 기분은 한 사람이 던져져 있는 삶의 정황에서 생겨나니까. 하이데거는 한 세계의 본질적 정황을 드러내는 존재론적 기분이 있다고 하면서 이걸 근본-기분(Grund-Stimmung)이라고 말했다. 그렇다면 이 시집의 "숙녀의 기분"은 희극적 정황을 통해 가볍고 우스운 발화 속에서 표출되지만, 이를 그녀 세대의 멘탈리티를 통해 드러난 현실의 존재 정황, 일종의 '근본-기분'이라고 볼 수도 있지 않을까.

그런 점에서 이 시집의 몇몇 숙녀들이 이빨에 끼우고 있는 "책상 위의 교정기"만큼이나 그녀들의 기분을 '근본적으로' 반영하는 사물이 있을까. "교정기"는 일종의 "플레이(play)", 말하자면 희극적(희곡적) 마스크다. 그러나 마스크를 씀으로써 자신을 둘러싼 사회적 질서를 주체적으로 흔들어놓는 쾌걸 조로의 마스크와는 달리, "교정기"는 제 존재를 가리고 스스로를 '교정'시킴으로써 사회적 현실을 수세적이고 방어적 차원에서 수용하는 수동적 도구다. 마스크를 쓴다는 것은 그녀를 둘러싼 세계가 연극을 강요하는 무대적 정황과 비슷하다는 사실을 드러내고, 그녀 역

시 배역 떠맡기를 요구하는 세계의 폭력적 정황을 일정 부분 수용한다(할 수밖에 없다)는 사실을 보여준다. 그리고 이 연극적 정황에서 삶의 폭력과 주체의 자발성이 기우뚱거리며 손을 잡곤 하는데, 이때 "만국기가 펄럭이는 계주에서 흰색 바통을 놓쳐버린 것처럼"(「교생, 실습」) 낭패스럽고, "내장을 꺼내놓은"(2부, 「파트타임」) 것같이 수치심을 느끼는 숙녀들의 기분이 바로 '굴욕'이다. 따라서 이 '굴욕'에는 마스크를 요구하는 삶의 폭력도 스며 있지만, 타자의 시선을 포기할 수 없는 숙녀의 (자발적) 인정 욕망도 함께 있다고 해야 할 것이다. 이 시집의 숙녀들이 "넌 조금 더 제멋대로 걸어도 되는 거야// 우린 얕보이는 게 싫어서 고개를 끄덕이는 게 아닐까"라며 자문하다가도, 이내 "하지만 고개라도 끄덕이지 않으면// 당장 나는 할 게 없어진다"(「좀 아는 사이」)는 식으로 다시 자조하고 마는 것도 이런 '굴욕 플레이'에 착종된 욕망의 모호성을 잘 드러내는 사례다. 그러므로 '굴욕'은 이 세대가 겪는 세태적 곤혹과 실존의 아이러니가 결부된 폭력과 욕망의 사회학을 노출한다는 점에서, 확실히 이 시집의 본질적 기분이자 이 세대(시대)의 근본기본이라고 할 만하다.

숙녀라면 입이 없어질 때까지 쿠키를 먹자

　이 시집에는 흔히들 '시적인' 발화라고 말하는 서정의 우주도, 지혜를 계시하는 듯한 아포리즘의 성찬도 없다. 그렇다고 이 숙녀들이 어떤 지독한 정념과 상처의 구덩이로 독자를 몰아가는 것도 아니다. 물론 그녀들이 첨예한 인식론적 사유를 길어올린 철학자일 리도 없다. 대신 이 시집을 채우고 있는 것은 그녀들의 멘탈을 반영하는 앙큼하고 가벼운 희극적 언어들이다. 이 희극은 대상을 향한 독설과 신랄한 공격으로 점철된 아리스토파네스적인 게 아니라는 점에서 풍자도 아니며, 화해의 제스처가 가미되지 않는다는 점에서 해학도 아니다. 하지만 주인공들의 우스꽝스러운 '굴욕 플레이'를 통해 우리는 오히려 이 시집에서 '숙녀'라고 일컬어지는 세대의 본질적 곤경들과 마주하는 독특한 경험을 갖게 된다.

　일부러 한 여자애만 노려봤지 걔가 언제 화장실에 가는지 알고 싶었어 내가 세 번이나 갔다 올 동안 걔는…… 비범했다 나보다 세 살은 어려 보였고, 말도 안 돼, 스타크래프트 밴에서 갓 내려선 스타일이라면

　나한테는 답이 없는 거지
　　　　　　　　　　　―「24시간 열람실」 부분

버린 걸 주워다가 난 어디를 닦은 걸까? 다음 학기에는 나가랄까봐 집에 가면 설거지를 했어, 내 것도 아닌데 사촌 방도 닦아주었다 그리고 쓰러지듯 잠들었지 친척집이란 그런 것, 오늘 나는 돌아갈 곳이 없다 걸레를 밀 힘이 없으니까

"가져, 너 다 가져!ㅋ"

은혜를 베풀면서 네가 말했다.
―「편입생」부분

몇 번의 수술 뒤에 J선배는 치아교정기를 버렸어요 실패가 사람을 만든다면 선배는 지금쯤 사람이어야 할 텐데, 죽어가는 잇몸을 내보이기가 싫어서

입이 없어질 때까지 쿠키를 먹자 토하고 또 먹으면 돼
―「나의 여학생부」부분

이 톡톡 튀는 세대론적 발화들에서 환기되는 기분에는 공히 어떤 곤경이 내재해 있다. 그리고 이 곤경은 특정한 세대의 특정한 젠더를 통해 오늘날 특정한 사회계급이 처한 곤경을 어떤 방식으로든 동시에 환기한다.「24시간 열람실」

의 화자는 옆에 앉은 여자 아이를 관찰한다. 그 애는 화장실도 안 가고 공부하며, "나보다 세 살은 어려 보였고" "스타크래프트 밴에서 갓 내려선 스타일"을 하고 있다. 시쳇말로 머리도 돈도 외모도 아이돌 같은 엄친아다. "나한테는 답이" 있겠는가. '나'는 "한 여자애"에게 '게임'이 될 리 없는 것이다.

"다음 학기에는 나가랄까봐 집에 가면 설거지를" 하고 "내 것도 아닌데 사촌 방도 닦아 주"는 더부살이 신세는, 여기에도 저기에도 끼지 못하고 움찔되는 '편입생' 신세를 암시한다. 「편입생」의 화자는 "어디 남의 학교에 와서 나대?"라고 말하는 "너의 하녀들"에 포위되었다. 이 하녀들이 그녀의 젠틀맨이다. 진입할 수도 물러설 수도, 그렇다고 피할 수도 없다. 이 곤경에서 "가져, 너 가져! ㅋ"라고 '베풀어지는' 하녀들의 "은혜"는 이 굴욕의 기분이 담지하는 사회적 위계와 질서의 잔인함이 어떤 종류의 것인지를 암시한다. 무언가 이 모습은 지금 우리 사회가 사회구성원들을 향해 드러내는 폐쇄성과 공격성, 좌절감과 적대감 양산의 구조를 닮아 있지 않은가. "너희들은 벌써 이겼는데 뭘 더 가져가려는 걸까"라는 독백이 개인적 발화 이상의 의미로 읽히는 것은 당연하다.

「나의 여학생부」에서 보듯 이 시집에서 종종 등장하는 치아교정기를 낀 '숙녀'의 사례가 만일 개인적 취향의 문제로만 보인다면, 아마 십중팔구 당신은 '좋은 환경'에서 '잘'

자란 사람일 가능성이 크다. 결혼 이벤트 회사들이 배우자를 찾는 남자에게 소개할 숙녀의 '등급'을 '측정'할 때에는 외모 중에서도 특히 치아의 고르기 상태를 유심히 살핀다는 소문도 있지 않은가. 그러므로 치아교정에 대한 "J선배"의 처절한 집착과 반복되는 수술 실패로 "죽어가는 잇몸"이란, "지금쯤 사람"이 되지 못한 우리 사회계급의 절박한 존재 상황 그 자체라고 할 수 있지 않을까. 이 정도라면 이 시집 속의 얘기들은 실은 '(상품성을 갖춘) 숙녀'라는 기표를 획득하기 위한 우리 시대 소녀들의 계급투쟁 실패기라고 하는 게 맞다.

그런 점에서 이 주인공들이 굴욕을 느끼고 있다는 사실은 이 시집의 새롭고 주목할 만한 발견이 아닐 수 없다. 이 기분은 오늘날 이 주체들이 처한 삶의 좌절감에 대한 '개그콘서트' 버전이기 때문이다. 절망과 좌절의 희화화는 우리 시대의 주요한 특징이다. 이건 이런 희화화가 풍자적(satire)이라는 뜻으로 하는 말이 아니다. 오히려 반대다. 풍자가 사회적 약자의 입에서 발설되는 희화적 언설을 통해 정치권력과 사회적 강자를 말의 포로로 농락시키고 권위를 추락시키는 반면, 굴욕 플레이를 연기하는 이 여주인공들의 희화적 풍경에는 실제 삶의 현실을 뒤집을 어떤 전복적 에너지도 내포되어 있지 않다. 돌이킬 수 없는 정치·사회적 좌절감조차 '멘붕'이라는 희극적 언어로 윤색되듯이, 이 '굴욕 플레이'는 개콘식 언설로 경쟁력 있는 사회적 주체(정확히는 상품사회의 주체이자 대상)가 되는 데에 실패했음을 자인하는 이들의 낭패감을 드러낸다.

이 시집의 숙녀들은 '실패한 숙녀들'이다. 이들은 여성잡지의 표지를 장식하는 '보그 걸(Vogue Girl)'이 되는 것은 턱도 없고, 잡지의 우아한 독자들이자 소비자들인 '레이디'가 되는 일에조차 실패했으니 말이다. 설령 그녀들이 조금 먼 장래가 된다고 한들, '청담동 며느리'가 될 수 있겠는가. 어떻게 이야기하든 간에 이 희극적 풍경에는 우리 시대의 진실이라고 할 만한 우스꽝스러운 면이 내재해 있다. 하지만 만일 여기에 진정한 희극성이 존재한다면 아마도 이것은 숙녀들의 '기분' 때문이 아니라(사실 이 기분은 우울하고 착잡하다), 이 기분이 환기하는 풍경의 이면 때문일 것이다. 예컨대 다음과 같은 천진난만한(?) 실패담이 '웃긴다'면 그건 무엇 때문인가.

내가 찍은 셀카, 사실은 너희들이 찍힌

(전략) 합격한 애는 고개를 끄덕였어

땀엔 배신이 없더라

독침 백 개는 맞은 것처럼 손발이 떨려 우리도 땀은 흘

렸는데 그건 땀띠만 남기고 사라졌네 식초에 절어버린 물수건을 또 빨면서 우린 잔을 부딪쳤지

　애벌레가, 잎사귀를, 먹고, 있구나, 제 몸이, 반토막, 난, 지도, 모른 채,

　(중략)

　(전략) 떨어진 애는 또 떨어진 애가 될 수도 있지 새벽 5시, 문도 안 열린 학원 앞에 줄을 서야 한다 앞에 선 애들 가방을 보며, 여긴 책이 몇 권이나 들어갈까? 가방을 사자, 니 가방이 들어가는 그런 가방으로, 내 가방이 또 들어가는 그런 가방으로

　내년에 우리 다시 만나자 우리 다 합격할 때까지 죽을 때까지

　합격한 애가 소리쳤어 그래 우린 같은 스터디였지 핑크색 미니쿠퍼를 타고 속초에 놀러 가기로 했지 눈물이 날 것 같아, 한 애가 말했어 합격한 애는 그 애를 안아줬다 우리는 훌쩍이면서 다시 잔을 부딪쳤어

　오늘을 기억하자 절대로!

돌아가며 화장실에 갔다 왔어 그리고 얼굴을 모았다 합격한 애가 맨 앞에, 우리는 뒤에, 입술을 오므리고, 셀카
─「합격 수기」부분

이러한 굴욕담을 이렇게 천연덕스럽게 들려주는 일은 분명히 '후르츠 캔디'를 빨던 박상수만이 할 수 있는 특기다. 실은 좀더 충분히 주목받았어야 마땅한 시인의 첫 시집 『후르츠 캔디 버스』를 읽던 그 순간을 나는 아직도 잊지 못한다. 아니, 이렇게 처연하고도 낭만적이며, 이토록 명랑 발랄한 B급 변두리 정서가 존재한다니. 물론 탁월한 사춘기 시인, 반항아 시인, 탈주의 시인도 있다는 사실을 인정한다. 문제는 이 장면이 사춘기 소녀의 반항도, 집 나간 아이들의 질풍노도도, 독고다이 소년의 껌 씹는 풍경도 아니라는 사실이다. 이 장면은 다만 '굴욕 플레이'가 상연되는 장면일 뿐이다. 내 기억이 맞다면 박상수는 이런 '셀카'를 찍는 숙녀들의 존재와 기분을 우리 시대의 본질적인 경험으로 인식시킨 최초의 시인이 될 것이다. 일차적으로 이 '셀카 플레이'는 이 또래의 존재 상황을 드러내지만, 이를 우리 시대 모두의 본질적 경험으로 이해할 만한 소지는 충분하니까.

"땀엔 배신이 없더라"는 말은 전통적인 잠언, 예를 들자면 '콩 심은 데 콩나고……'와 같은 '상식적' 경험 세계를 반영하는 속류 지혜에 속하지만, 이 말은 "독침 백 개는 맞은

것처럼 손발이 떨려 우리도 땀은 흘렸는데 그건 땀띠만 남기고 사라졌"음을 체험한 숙녀에게는 믿을 수 없는 말일 수밖에 없다. 결실은 없고 그래서 "땀띠만 남"긴 땀의 냄새는 "식초에 절어버린 물수건"처럼 혐오스러운 냄새가 된다. 합격한 숙녀와 불합격한 숙녀의 대비는 일단 우스꽝스러움을 유발하지만, 여기서 '레이디'가 되지 못한 숙녀의 땀만큼이나 진정으로 희화화되는 것은, 노동의 윤리를 믿으라고 가르치는 전통적 격언과 속류 도덕의 세계 전체다. 이 희극에서 발생하는 효과는 그러므로 그리 가벼운 게 아니다. 믿음(도덕)이 이데올로기로 추락하는 순간이니까. '개콘'은 실은 TV 속에 있는 것이 아니라 우리 삶 자체였다는 사실이 확인되는 순간이니까 말이다.

아이러니한 것은 이 추락을 몸으로 체험한 주체들이야말로 다른 주체들에 비해 조금 더 삶(사회)의 실체에 다가서게 된다는 사실이다. "제 몸이, 반 토막"이 났다는 사실에 대한 지각은 이런 추락의 경험 이후에나 일어날 수 있는 일이지 않은가. 이제 그녀는 '내일은 내일의 태양이 떠오를 거야'라는 스칼렛의 대사를 책갈피로 꽂고 다니는 "큐티 큐티 큐트 샤라랑!"한 레이디가 되는 대신에, "떨어진 애는 또 떨어진 애가 될 수도 있지"라는 자기 성찰적 대사를 품은 실패한 캔디가 된다. 그렇다 하더라도 이러한 자각이 주체의 삶을 현실적인 차원에서 바꿔놓을 수 없음은 물론이다. 그녀는 거듭하여 '굴욕 플레이'를 떠맡은 주인공이 될 수밖에 없다. 그녀는 레이디가 되는 데에 불합격했으므로. 사진을 찍기 위해 그녀들은 얼굴을 모은다. "합격한 애가 맨 앞에, 우리는 뒤에". 이게 그녀가 찍은 우리 세대(시대)의 셀카다.

문제는 이 셀카가 항상 그녀 자신의 굴욕 플레이만을 찍는 것은 아니라는 사실이다. 가끔은 "너희들"도 찍힐 때가 있다.

(전략) 인간 경영론 교수님이, 모르는 너희들과 붙여 준 것은 내 사업을 하려면 온갖 고객들을 다 만나봐야 한다는 뜻

우측통행하라고 하면 우측으로 가면 된다
―「조별 과제」 부분

답이 없을 거라고 생각했으면서도, 어째서 한번 더 믿어보는 걸까요? 횡단보도를 건너다가 치어 죽을 수도 있겠지만 그렇지 않을 거라고 믿으니까 모두들 건너가겠죠 선생님은 숨이 막혀서 자주 창밖을 내다보았죠 그건 내가 아무것도 하지 않는 것으로 살아가고 있었을 때
―「쉽게 질리는 스타일」 부분

머리칼을 귀 뒤로 넘기고

부드럽게 나를 꾸민다
너희들의 공놀이는 그칠 줄 모르고

호루라기 소리에 맞추어
열심히
제자리로 돌아가는 너희들
헛발질에 웃어대는 모양들이라니
—「사춘기」부분

내내 눈 감았던 사람들이 박수를 치네요, 무례하군 참으로 마이너한 에너지다
—「시상식 모드」부분

끝이 좋으면 다 좋은 것이니까 더욱 구하자
—「구직 활동을 하려 교회에 갔어요」부분

'나'와 대비되는 "너희들", 진정한 '레이디스 앤 젠틀맨'이 우연히 찍힌 풍경이다. 그런데 좀 이상하지 않은가. "우측통행하라고 하면 우측으로 가"는 너희들. "횡단보도를 건너다가 치어 죽을 수도 있겠지만 그렇지 않을 거라고 믿으니까 모두들 건너가"는 너희들. "호루라기 소리에 맞추어/ 열심히/ 제자리로 돌아가는 너희들"은, "헛발질에" 행복하게 "웃어대"며 "내내 눈감았던 사람들이 박수를 치"니 말이다. 너

희들이 떠받드는 인생 신조는 "끝이 좋으면 다 좋은 것"이라는 믿음, "밟아주래"(「오픈 테스트」)라는 가훈과 "여기다 사람을 버"(「호러」)리는 "인간경영론". "참으로 마이너한 에너지"이지만 셀카의 맨 앞에 선 '메이저'가 된 '너희들'이 그걸 알 리가 없다. 그렇다면 독자인 당신에게 묻자. '숙녀'와 '레이디-너희들' 중 진정 누가 더 '굴욕적'인가.

　박상수의 숙녀들이 이 절박한 무대에서 "사실은 아무 맛도 모르고 취미도 없"이 "웃는 눈썹을 그리"(「잘 아는 사이」)며, 삶의 폭력과 주체의 욕망이 착종된 모호한 굴욕 플레이어를 연기한다고 하더라도, 다음과 같은 면을 드러내는 주체의 순간이 있다는 사실은 그래서 의미심장하다.

>　창밖의 세계는 궁금하지 않아
>　늘 혼자서 공깃돌을 손등에 올리는 아이
>
>　너희들에게 조금씩 웃음을 나누어주면
>　소켓에 손가락 집어넣은 아이들처럼
>　너희들은 빛나겠지만
>
>　어째서 나는
>　파괴에 대해서 생각하는 것일까
>　　　　　　　　　　　　　─「사춘기」 부분

나쁜 것들! 어떻게 우리한테 이래!

그래, 어떻게 이럴 수가 있어! 따라 외치니까, 아랫배가 단단해지면서 조금 힘이 생겼다,

—「호러」 부분

시인 김수영은 "풍경이 풍경을 반성하지 않는 것처럼/ 곰팡이 곰팡을 반성하지 않는 것처럼/ 여름이 여름을 반성하지 않는 것처럼/ 속도가 속도를 반성하지 않는 것처럼/ 졸렬과 수치가 그들 자신을 반성하지 않는 것처럼/ 바람은 딴 데에서 오고/ 구원은 예기치 않은 순간에 오고/ 절망은 끝까지 그 자신을 반성하지 않는다"(「절망」)라고 썼다. 그 말과 같다면 우리 시대 셀카의 맨 앞 자리를 차지한 "너희들"의 "창 밖의 세계" "너희들의 공놀이는 그칠 줄 모"르고, 아마 "끝까지 그 자신을 반성하지 않"을(못할) 것이다.

시인 박상수는 이 '구원의 바람'이 "늘 혼자서 공깃돌을 손등에 올리는 아이"에게서 나올 거라는 사실을 직감한다. 그 "아이"야말로 "방이 없는 사람들은 방이 있는 사람들보다는 친절하죠 영혼이 비릿하게 젖어 있"(「학생식당」)다는 사실을 알고 있으니까. "남자들은 뭐랄까/ 시시해/ 크기만 하고 시시하"(1부, 「파트타임」)다는 비밀도 그 애는 알고 있으니까. 그 "아이"는 어떤 "파괴"의 순간을 떠올리곤 한다. 하지만 이 방식은 의외로 소박한 몸짓으로부터 비롯된

다. "나쁜 것들! 어떻게 우리한테 이래!" "따라 외치니까, 아랫배가 단단해지면서 조금 힘이 생"(「호러」)기는 바로 그 순간. 그것은 일종의 "오래 가라앉았다가 수면 위로 떠오른 양철로봇이 이 세계의 균열을 증명"하는 순간들, 정글 같은 런웨이의 규칙 따위는 모르는 "너의 어쩔 수 없는 무지와 공산주의자 같은 혀끝"(「나의 첫번째 남자친구」)을 가진 이들만이 시작할 수 있는 어떤 거절의 순간들이다. 그런 방식으로 레이디가 되지 못한 그녀들은 "모여서 상상도 할 수 없는 세미나를"(「나의 여학생부」) 시작할 수 있다.

　희극적 세계는 희극적 언설을 필요로 한다. 아니, 희극적 언설의 형식을 통해서만이 점잖은 얼굴이 실은 '교정기'를 낀 마스크였다는 사실이 드러나는 세계가 있다. 이런 세계에서 희극적 언설은 말 자체의 몰락과 가치 추락의 수모를 자진해서 감당하는 방식으로 삶의 이율배반과 실패를 연기하고 폭로한다. 이 희극적 언설은 스스로 희극적 세계의 실상을 연기하는 피에로가 됨으로써 서정의 진정성과 서사적 진리가 해체된 세계에서 '시적인' 말의 또다른 존재 형식을 감내할 수밖에 없다. 삶의 실상이 말의 논리를 배반하는 세계에서, 말의 논리로 삶의 실상을 드러내려는 시인이 그 자신의 말을 비틀고 낮추어 'B급'이 되려는 고육지책을 이해하지 못할 일이 무엇인가. 그러므로 이 말의 풍경을 알레고리의 일종이라고 해석하는 것은, 이 시집이 우리 시대에 던진 돌직구를 가장 비겁하게 폄하하는 방식이다. 이건 그냥 우리 시대의 '쌩얼'이다.

그러니 쿨하게 인정하자. 이 '굴욕'의 기분이 숙녀의 것이 아니라, 실은 우리 것이라는 사실을.

122

박상수 1974년 서울에서 태어나 명지대학교 문예창작학과를 졸업하고 같은 대학원에서 문학박사학위를 받았다. 2000년『동서문학』에 시, 2004년『현대문학』에 평론이 당선되어 등단했다. 시집으로『후르츠 캔디 버스』『오늘 같이 있어』『너를 혼잣말로 두지 않을게』, 평론집으로『귀족 예절론』『너의 수만 가지 아름다운 이름을 불러줄게』가 있다.

문학동네시인선 041
숙녀의 기분
ⓒ 박상수 2013

1판 1쇄 2013년 5월 17일
1판 13쇄 2024년 5월 3일

지은이 | 박상수
책임편집 | 김필균
편집 | 김민정 김형균 강윤정 유성원
디자인 | 수류산방(樹流山房) 본문 디자인 | 유현아
저작권 | 박지영 형소진 최은진 서연주 오서영
마케팅 | 정민호 서지화 한민아 이민경 안남영 왕지경 정경주 김수인 김혜원
       김하연 김예진
브랜딩 | 함유지 함근아 고보미 박민재 김희숙 박다솔 조다현 정승민 배진성
제작 | 강신은 김동욱 이순호
제작처 | 영신사

펴낸곳 | (주)문학동네
펴낸이 | 김소영
출판등록 | 1993년 10월 22일 제2003-000045호
주소 | 10881 경기도 파주시 회동길 210
전자우편 | editor@munhak.com
대표전화 | 031) 955-8888 팩스 | 031) 955-8855
문의전화 | 031) 955-2696(마케팅), 031) 955-1920(편집)
문학동네카페 | http://cafe.naver.com/mhdn
인스타그램 | @munhakdongne 트위터 | @munhakdongne
북클럽문학동네 | http://bookclubmunhak.com

ISBN 978-89-546-2139-7 03810

* 이 책의 판권은 지은이와 문학동네에 있습니다. 이 책 내용의 전부 또는 일부를 재사용
하려면 반드시 양측의 서면 동의를 받아야 합니다.
* 이 시집은 2009년도 서울문화재단 문학창작활성화지원금을 수혜하였습니다.

잘못된 책은 구입하신 서점에서 교환해드립니다.
기타 교환 문의: 031) 955-2661, 3580

www.munhak.com

문학동네